É sobre você
aprenda a se amar

Editora Appris Ltda.
1.ª Edição - Copyright© 2025 dos autores
Direitos de Edição Reservados à Editora Appris Ltda.

Nenhuma parte desta obra poderá ser utilizada indevidamente, sem estar de acordo com a Lei nº 9.610/98. Se incorreções forem encontradas, serão de exclusiva responsabilidade de seus organizadores. Foi realizado o Depósito Legal na Fundação Biblioteca Nacional, de acordo com as Leis nos 10.994, de 14/12/2004, e 12.192, de 14/01/2010.

Catalogação na Fonte
Elaborado por: Josefina A. S. Guedes
Bibliotecária CRB 9/870

S285e
2025
	Scaravonatto, Linonrose
	    É sobre você: aprenda a se amar / Linonrose Scaravonatto. – 1. ed. –
	Curitiba: Appris, 2025.
	    245 p.; 23 cm.
	
	    ISBN 978-65-250-7379-8
	
	    1. Autoestima. 2. Mulheres. 3. Amor. 4. Paz. 5. Coragem. 6. Deus,
	7. Persistência. 8. Fé. 9. Resiliência. I. Título.
	
	                                                            CDD – 158.1

Editora e Livraria Appris Ltda.
Av. Manoel Ribas, 2265 – Mercês
Curitiba/PR – CEP: 80810-002
Tel. (41) 3156 - 4731
www.editoraappris.com.br

Printed in Brazil
Impresso no Brasil

Linonrose Scaravonatto

É sobre você
aprenda a se amar

artêra
editorial

Curitiba, PR
2025

FICHA TÉCNICA

EDITORIAL	Augusto V. de A. Coelho
	Sara C. de Andrade Coelho
COMITÊ EDITORIAL	Marli Caetano
	Andréa Barbosa Gouveia (UFPR)
	Edmeire C. Pereira (UFPR)
	Iraneide da Silva (UFC)
	Jacques de Lima Ferreira (UP)
SUPERVISORA EDITORIAL	Renata C. Lopes
PRODUÇÃO EDITORIAL	Bruna Holmen
REVISÃO	Bruna Fernanda Martins
DIAGRAMAÇÃO	Amélia Lopes
CAPA	Kananda Ferreira
REVISÃO DE PROVA	Alice Ramos

AGRADECIMENTOS

Este livro é para inspirar você. Conheça-se, ame-se sem limites. Saiba reconhecer seu valor diante de tudo. Suas ideias são importantes e ninguém tem o direito de lhe tirar o amor pela sua pessoa.

Seja incrível todos os dias de sua vida, veja em todo amanhecer uma oportunidade para se compreender e acreditar em seu sonho e realizar sua melhor versão.

Agradeço a Deus, por me ensinar a ocupar meu lugar na vida, aprendendo a amar e a ser amada.

Agradeço aos meus filhos, Isabelli Victória e Enzo Giovanni, por estarem sempre ao meu lado.

Agradeço à minha mãe, Elsa, por me ensinar a ser uma mulher corajosa.

*Aos que sempre estiveram por perto,
e amando,
me ensinado a evoluir.
Aos que amo,
verdadeiramente amo.
Sei que amarei para todo sempre,
até o dia que partir, meu pequeno coração
sofrerá com a falta de vocês.*

*Filha e filho,
Isabelli Victória,
Enzo Giovanni.*

*Pai e mãe,
Antonio,
Elsa.*

*Irmãs e irmão,
Maria Elisabete,
Rut,
Marcos.*

*Sobrinhos e sobrinha,
Marco Antonio,
Samuel,
Sarah.*

O amor vai e vem, mas por alguma razão sei que ele sempre encontra um lugar para ficar. E sem vocês simplesmente não sei viver.

Se um dia eu tiver que aprender a caminhar sem a presença de vocês, será como reaprender a amar e a encontrar o brilho do sorriso novamente.

APRESENTAÇÃO

SÓ POR UM MINUTO

Em cada página deste livro reside uma história de superação, uma jornada de crescimento e um convite para a coragem. A vida é como uma estrada sinuosa, nos presenteia com desafios e oportunidades, testando nossa resiliência e determinação a cada curva. São nos momentos de dificuldade que encontramos nossa verdadeira força interior, aquela que nos impulsiona a seguir em frente mesmo quando tudo parece contra nós. Lembre-se, cada obstáculo é uma oportunidade disfarçada, cada queda é uma chance de nos levantarmos ainda mais fortes para nos lembrarmos de nossa coragem. Não importa quantas vezes você caia, o importante é levantar-se, sacudir a poeira e seguir em frente com a cabeça erguida e o coração cheio de empolgação. Pois dentro de você e de mim reside um poder infinito, uma chama que nunca se apaga, pronta para iluminar o caminho mesmo nas mais densas trevas. Que este livro seja uma fonte de inspiração e motivação, um lembrete constante de que você é capaz de alcançar tudo aquilo que busca. Acredite em si mesmo, confie no seu potencial e nunca deixe que nada nem ninguém apague o brilho que há dentro de você. Você é o(a) autor(a) da sua própria história, quem desenha seu destino. Então escreva com coragem, viva com paixão e nunca deixe de perseguir os seus sonhos. O mundo está esperando por você, para que você mostre a sua luz e inspire outros a brilharem também.

PREFÁCIO

Este livro é uma verdadeira inspiração. Ele nos convida a mergulhar em um profundo processo de autoconhecimento e amor-próprio, incentivando-nos a amar sem limites e a reconhecer nosso valor diante de qualquer circunstância.

As ideias da autora são um lembrete poderoso de que ninguém tem o direito de tirar de nós o amor pela nossa essência. As páginas nos ensinam que somos pessoas incríveis, capazes de transformar cada amanhecer em uma oportunidade para acreditar em nossos sonhos e alcançar nossa melhor versão.

Com uma mensagem clara e acolhedora, o livro destaca que nossa mente precisa ser preenchida com alegria e pensamentos positivos. O que não contribui para nosso bem-estar ou evolução não deve ter espaço em nossas vidas. Só devem permanecer as pessoas e coisas que trazem luz e crescimento.

Este livro emociona. Ele nos faz acreditar na possibilidade de evoluir e de reescrever nossa história pessoal, assumindo o papel principal em uma narrativa que jamais queremos abandonar.

Com uma linguagem simples, leve e envolvente, esta obra é um convite irresistível para embarcar em uma jornada de transformação e autodescoberta.

Antonio Scaravonatto

Advogado militante, servidor público aposentado e ex-prefeito municipal de Planalto (RS), onde exerceu seu mandato de 2009 a 2012. Além disso, também ocupou o cargo de vereador em outros períodos.

Decisão

ESCOLHI ME CURAR DA DOR

PARA VIVER E SER FELIZ.

Minha escolha

A vida é nossa história, doe-se a si mesmo.

Doe-se ao amor.

Esmague-se com o amor, derreta-se com o

Amor.

    Tenha um propósito de vida, acredite nele, não procrastine e confie fielmente em seu objetivo. A vida sorri para quem olha feliz para ela.

SÓ POR UM MINUTO

Aos(às) leitores(as),

Simplesmente amor, realização e gratidão. Sem cada um de vocês, meu sonho não teria sentido na escrita. A generosidade me fez nascer de uma flor para escrever.

Sim, muito obrigada! Sou abençoada, você também.

O livro foi feito para ser saboreado por vocês, em cada detalhe, e sentido na alma para desabrochar seus instintos e seu espírito.

Voe!

Voe, voe alto!

Seja quem sempre quis ser. Seja você.

Todos os sabores e sentimentos lhe guiaram para o caminho libertador que sempre desejou.

Se liberte de tudo que te magoa e faz sofrer. Faça valer a pena suas emoções. Você é grande, em todos os detalhes. Deus colocou Sua mão em você.

Saiba que nenhum sonho é pequeno para não ser realizado. Sua fé é grandiosa.

Esta é a tarefa desta autora em sua vida, inspiração. Inspire-se em VOCÊ.

SUMÁRIO

INTRODUÇÃO 23

I.
DIAS INSPIRADORES 25

II.
DIAS FELIZES 95

III.
DIAS DE SUPERAÇÃO 150

IV.
DIAS DE GRATIDÃO 203

FINAL 244

Sinta-se bem

todos

os

dias,

e

desabroche

para

viver

o

inimaginável.

INTRODUÇÃO

ÚNICO MOMENTO

Viva intensamente cada momento,
eles não voltam.
Só por um minuto,
amarei sem pensar.
Sentirei a vida, no
maior de todos os limites,
viverei sem razão,
e voarei para longe,
em busca de me encontrar.

I.

DIAS INSPIRADORES

Dia um

Viva perto de pessoas que querem teu bem, viva perto de pessoas felizes, viva perto de pessoas que te fazem forte e feliz. Supere sua dor, e ame quem respeita teu amor. Sabe aquele dia em que nem a gente acredita no pensamento bom, aquele dia que tudo parece tempestade, frustação? Esse é o dia de encarar, dia de enfrentar, manter a força. Precisamos passar por provações para entender que somos os únicos capazes de tomar o rumo de nossas vidas. A luz sempre aparecerá, seja sensível com você, e acredite firmemente no seu propósito.

Não vire apenas a página, comece uma nova história. Um novo propósito. Uma nova leitura, bendiga um novo recomeço, ou novos recomeços. Aprenda a seguir em frente, iniciando uma nova fase em sua vida com determinação e entusiasmo. É necessário dar um passo adiante e iniciar algo completamente novo. Nada de atropelar a vida, apenas viver. Busque novas metas e direções na vida, deixando para trás o passado que não lhe fez bem. E boas lembranças sempre são boas, e devem ficar na memória. Viva abraçando o presente e o futuro com confiança. E celebre as oportunidades de recomeçar, reconhecendo que cada novo começo traz consigo a chance de renovação.

Coloquei a mão na cicatriz mais linda da minha vida, e bateu uma saudade daquela que me ensinou amar, me fez ver que o amor não tem limites. Mãe, minha ligação com você é eterna, foi cortado o cordão umbilical, mas sua presença em minha vida transformou-se em inspiração diária. Então boas lembranças são memoráveis e devem ficar guardadas em nossos pensamentos, com gosto de gratidão.

01. Escreva seu dia como você deseja.

....
....
....
....

Suspire,
Relaxe e escreva.

Dia dois

Aos poucos Deus derrama chuvas de graças na minha vida, voltei a sorrir. Se ele fez por mim fará por você, comecei a ser feliz pela escolha de amar, viver, agradecer e ser feliz. Perdoei quem precisava, chorei o necessário, até discernir que era o momento de parar. Assim, compreendi que as emoções se instalam, primeiro precisei sofrer, chorar, entender, amar e agradecer. Tenho muito a agradecer, e nada seria como é se eu não encontrasse Deus em minha vida, então percebi que ele sempre esteve ao meu lado. Nunca mais senti sua ausência, sou feliz e muito grata por tudo.

A culpa não é sua, se perdoe, pare de se punir. Você precisa desapegar de quem não está caminhando ao seu lado. Você precisa continuar sua jornada, ao lado de quem lhe quer bem. Caminhe na direção da luz e encontre pessoas que admiram seu olhar, seu sorriso, sua versão. Deixe julgamentos e culpas para trás.

Quando algo vir para te desestabilizar enfrente, não caia em armadilhas. A vida é uma demonstração de nossa coragem. Não existem barreiras para quem luta com fé no evangelho e fortifica sua vida na palavra de Deus. A vida está cheia de desafios, e a maneira como os enfrentamos define quem somos. Tenha fé, toda crença e orientação divina é o nosso fortalecimento espiritual como uma fonte de força e apoio durante os momentos difíceis.

02. Escreva seu dia como você deseja.

....
....
....
....
....

Suspire,
Relaxe e escreva.

Dia três

  Quando não souber o que dizer, escute. Ame as pessoas ao seu redor e a sua vida. Transforme sua vida em bons momentos e acredite em transformações. Veja o melhor em você, comece se agradando e se reconhecendo. Viva experiências novas consigo mesmo, se experimente. Todo luto é eterno, mas se reinvente e dê uma chance para você. Escute atentamente em momentos de incerteza, e busque valorizar as pessoas ao seu redor e a própria vida. Busque transformações positivas e acredite no potencial de mudança.

  Seja digno de não se distrair com tolices, mantenha sua emoção sob controle. Não se desequilibre. A vida é a melhor forma de encontrar a razão de aprender a amar e consequentemente viver sem reclamar. O momento é de agradecer, ninguém consegue ser feliz sem gratidão. Ocupe sua mente com aquilo que está sob seu controle, e deixe sair o que não está. Não vale a pena viver com pensamentos que não lhe pertencem.

03. Escreva seu dia como você deseja.

....
....

....
....
....

**Suspire,
Relaxe e escreva.**

Dia quatro

Deseje o bem, faça o bem. A vida é única, seja tudo que não te limitar. Não se engane, seja o vigilante de sua mudança. Vigie seu coração para seguir o caminho de paz, não volte para alguém por medo de ficar sozinha. Escolhas boas dependem de paz em nossa alma.

Coloque como meta em sua vida fazer o bem, para você. Esteja em equilíbrio, pode levar tempo, mas tudo começa a fluir da maneira certa. E você passa a compreender o sentido de estar nos planos de Deus. Você é importante todos os dias, alguém sempre quer estar ao seu lado, valorize quem te acolhe.

04. Escreva seu dia com você deseja.

....
....
....
....
....

**Suspire,
Relaxe e escreva.**

Dia cinco

Confie em Deus, ele sempre está ao nosso lado, por mais difíceis que os dias estejam, ele nunca desampara. Mantenha a chama da fé.

No silêncio do dia e ao cair da noite, está sempre em prontidão. Nem sempre entendemos algumas coisas, mas aprendemos lições. O processo é exaustivo. É preciso arregaçar as mangas e recomeçar.

Não humilhe ninguém, nunca. Sirva. Nós temos a capacidade de fazer o dia do outro feliz, você não sabe o problema que ele está enfrentando. Até um simples elogio é capaz de mudar o dia de alguém. NUNCA é dia de humilhar.

Plante frutos onde germinam, recomece em terra fértil. Desista de tentar onde a colheita não prospera e aproveite as oportunidades onde há boas chances de prosperar. Recomece em terra fértil, onde seu esforço vale a pena, em novos ambientes que ofereçam condições favoráveis para o crescimento e desenvolvimento. Esforços infrutíferos nos frustram e desgastam nossa energia. Concentre sua energia com sabedoria e afaste-se do que acaba frustrando suas emoções.

05. Escreva seu dia como você deseja.

....
....
....
....
....

Suspire,
Relaxe e escreva.

Dia seis

No caminho se torne forte. Aprenda o equilíbrio entre tormenta e a paz. As tormentas passam e a paz lentamente chega revigorando nossa alma. Dessa passagem florescemos. Tenha paciência. As lágrimas serão enxutas e você florescerá para seu crescimento pessoal, respeitando limites e passos lentos para um novo rumo. A vida é cheia de perseverança e tudo ficará bem.

Pare de odiar sem motivo. E procure não odiar mesmo se tiver motivo, procure por onde andar levar o amor, seduzir com palavras doces, não contamine o mundo com ódio, seja melhor que isso, por onde passar que seja lembrado pela saudade boa, pela lembrança contagiante. Acaricie o amor, e o leve sempre em sua bagagem, equilibre suas emoções e viva com vontade de espalhar amor, então compreenda que o amor vive dentro de você, e ele faz sua vida brilhar por essa incrível capacidade de amar.

Nada de se preocupar em autenticar seu valor, você é exatamente como é. Você é especial, uma raridade. Deixe sua vida fluir com a delicadeza do seu olhar. A maior beleza é a doçura daquele que respeita sua alma.

Esse que se chama amor me deixa impotente, e sem forças. Me derruba, me coloca no chão. Me deixa no vazio, traindo minha mente, e levando meu coração a sofrer.

Seja autêntica, constante, leve, fiel à sua essência. Não negocie sua decisão quando estiver certa, e nunca, nunca autodestrua sua edificação.

06. Escreva seu dia como você deseja.

....
....
....
....
....

Suspire,
Relaxe e escreva.

Dia sete

Sejamos abençoados, de todo bem, e livrados do mal mascarado do bem. Que possamos ser abundantemente abençoados com todo o bem que o universo tem a oferecer, e que sejamos protegidos das armadilhas do mal disfarçado de bondade. Que cada bênção que recebemos seja uma luz que nos guie pelos caminhos da verdade e da retidão, e que saibamos discernir claramente entre o que é genuinamente bom e o que é apenas uma ilusão. E que nosso coração esteja sempre aberto para receber bênçãos da vida, e que nossa sabedoria nos guie para longe das sombras do engano e da falsidade. E a verdadeira bondade e pureza de intenção iluminem nossos dias e nos conduzam à paz e à plenitude para sermos seres felizes.

Aprenda a fazer seu dia feliz. Seja encantador com sua história, se preocupe em dar o melhor, cuide até dos pequenos detalhes, decifre as palavras, e faça a magia acontecer.

07. Escreva seu dia como você deseja.

....
....
....
....
....

Suspire,
Relaxe e escreva.

Dia oito

Força, sabedoria, prudência. Deus está mais, um dia contigo, esteja com ele. Esteja inteira, equilibre-se na sua encruzilhada, é assim mesmo, alguns passos daremos sozinhas, confie na presença e proteção divina, mesmo nos momentos difíceis, podemos encontrar conforto e apoio em nossa fé e relacionamento com o divino, buscar integridade e equilíbrio, mesmo quando confrontadas com escolhas difíceis ou momentos de indecisão. Se manter centrada e fiel a si mesma, independentemente das circunstâncias. Alguma parte da jornada da vida pode ser solitária e desafiadora. No entanto, é possível encontrar força e coragem dentro de si mesma para seguir em frente, mesmo quando parece que estamos sozinhos. A fé e a autenticidade encorajam de permanecermos fiéis a nós mesmos e confiantes em nossa capacidade de enfrentar os desafios da vida.

Estenda sua mão, preciso dela hoje. Sua mão é o que necessito hoje; por favor, estenda-a para mim.

Voe até se encontrar com seu "eu". E seja poeticamente sua mais bela inspiração, seu diamante bem lapidado.

08. Escreva seu dia como você deseja.

....
....
....
....
....

Suspire,

Relaxe e escreva.

Dia nove

Faça sua escolha e saiba enfrentar consequências, lembre-se que delas virão sua dor, seu arrependimento, sua tristeza. Saiba fazer a escolha que possa lhe manter vivo de espírito.

O belo não foi feito para tocar, e sim admirar. As coisas mais lindas da vida são intocáveis e sentidas pela delicadeza da alma. Apenas absorva e sinta pela pureza do seu coração.

09. Escreva seu dia como você deseja.

....
....

....
....
....

Suspire,
Relaxe e escreva.

Dia dez

Dê o melhor de si, para si, sempre. Conheça novas histórias, queira viver novos momentos, conhecer novos lugares, explorar novas conquistas, novas pessoas, queira conhecer-se. Lembre-se do que viveu, e faça novas memórias em sua vida.

Minha vida completa de amor-próprio, nela aprendi a ler sem chorar, rir por rir, olhar e admirar, abraçar e sentir a respiração do abraço, beijar com carinho, dançar rindo, ser verdadeiramente feliz. O amor-próprio tornou-se a ligação com minha alma.

10. Escreva seu dia como você deseja.

....
....
....
....
....

Suspire,
Relaxe e escreva.

Dia onze

Concentre-se na voz de Deus em seu coração e permita que ela guie seu caminho. Confie que tudo fluirá no momento certo, sem incertezas. Avance com passos firmes, lembrando-se de que você tem o direito de decidir quem entra e quem sai de sua vida. Suas opiniões e escolhas são válidas; você não perdeu sua identidade. Entenda que concordar com os outros não é a única opção; você tem o poder de tomar decisões próprias.

11. Escreva seu dia como você deseja.

....
....
....
....
....

**Suspire,
Relaxe e escreva.**

Dia doze

Torne tudo melhor, seja feliz. Não carregue tristeza, tenha a habilidade para enfrentar seus problemas. Escolha felicidade, escolha você. E quando ficar em dúvida sobre o que fazer, não faça nada. Espere! Tudo acontece quando estamos vibrados em emoções boas, e não em negatividade. Momentos ruins não são para tomar decisões, são para conhecer quem está ao nosso lado, quem fica e quem vai.

12. Escreva seu dia como você deseja.

....
....
....
....
....

Suspire,
Relaxe e escreva.

Dia treze

Quando quiser voltar atrás, lembre-se do motivo pelo qual saiu. Nem todos os dias serão confusos, e você entenderá isso em algum momento de sua vida.

13. Escreva seu dia como você deseja.

....
....
....
....
....

Suspire,
Relaxe e escreva.

Dia quatorze

Fui colher flores, voltei carregada de paz, a dor não é infinita, carregue-se de boas energias. Inspire-se em você, e coisas boas acontecem.

Gratidão pela colheita! Num mundo muitas vezes tumultuado e desafiador, é fácil se perder nas dificuldades do dia a dia e esquecer as bênçãos que nos rodeiam. No entanto, quando pausamos para refletir sobre a jornada que percorremos, somos lembrados da abundância de gratidão que permeia nossas vidas. A cada passo, a cada desafio superado, e a cada conquista alcançada, somos agraciados com uma colheita de bênçãos que merece ser celebrada e apreciada.

Em cada escolha vem uma renúncia, quando escolhemos o bem, sabemos que a melhor escolha é para viver alegrias. Que a vida seja cheia de charme, para começarmos a amar cada vez mais a nossa escolha e a nós mesmos.

Tenha discernimento em suas decisões, e o Universo lhe proporcionará o melhor.

14. Escreva seu dia como você deseja.

....
....
....
....
....

**Suspire,
Relaxe e escreva.**

Dia quinze

Corte alguns vínculos, para acalmar sua alma. O recomeço é por você, sendo suficiente para curar suas feridas. Esteja com quem quer você por perto. Sua jornada deve ser vivida por você.

Há momentos em que o amor e a conexão devem fluir naturalmente, sem reservas ou hesitações.

Seja grato por cada instante de sua vida, por cada "não" recebido, por cada dia de glória. Saiba o momento de entrar, o momento de sair. Tenha sempre um bom coração.

Deixe sua alma vibrar, conte estrelas, conte gotas de chuva, abrace o sol, sinta o carinho da lua, sorria para a vida. Se encoraje, e viva por você, escolha seu caminho, sem medos.

15. Escreva seu dia como você deseja.

....
....
....
....
....

Suspire,
Relaxe e escreva.

Dia dezesseis

    A vida é sobre encantamento, a vida é sobre sobrevivência. Regue todos os dias amor, até nos dias mais confusos. Se emocione, sorria e agradeça.

    Um começo, um primeiro degrau. Então é assim que tudo começa.

    Com o tempo aprendi a ser intensa comigo, com o tempo aprendi a me amar por inteiro, como tempo aprendi que sou única. O amor é redundante, afoga minhas lágrimas, e me derrete em chamas. Descobri que a vida sem amor não tem inspiração. Quero viver perto do amor.

16. Escreva seu dia como você deseja.

....
....
....
....
....

Suspire,
Relaxe e escreva.

Dia dezessete

Goste de sua companhia. Goste de quem gosta de você. Goste do silêncio de encontrar-se com você. Não se entedie com seu espaço, cumpra feliz seu instante. Não se aborreça, aproveite sua escolha. Goste de você, tudo fica leve, e a vida te ensina o sentido dela.

Esqueça o que já te esqueceu faz tempo. No novo tempo só devem entrar pessoas que mereçam sua confiança, e que falem a verdade. Não corresponda a um amor que não seja real. Não queira nada que não lhe pertença. O amor é singelo, puro, heroico, nada de desagrados.

Feche ciclos, deixe a cicatriz curar, e novos ciclos começarem. E seu coração ficará feliz novamente, novas emoções, novas alegrias. Novas explosões e novo brilho em seu olhar. Dê ao tempo todo tempo que precisar, ou o tempo que você precisar, a cicatriz fechará completamente no fluxo do seu destino. Permita-se ser ousada.

17. Escreva seu dia como você deseja.

....
....
....
....
....

**Suspire,
Relaxe e escreva.**

Dia dezoito

Você é a única pessoa capaz de vencer a sua dor. Seja criativa, lute sempre, escolha viver bem, ser feliz, encontre alguém que queira teu bem, que apoie teus sonhos. Seja capaz de rir de suas brincadeiras, que seja capaz de amar pelo simples fato de estar ao seu lado. Escolhas definem nossa vida e mudam nosso destino. Seja capaz de viver para alcançar o brilho a cada amanhecer.

Te admire, sem julgar-te. Você é capaz de vencer barreiras que jamais acreditaria. Nunca duvide de sua aprovação.

Seja sua grande inspiração, do seu jeito. Não precisa ser perfeita, apenas você. Leve sua simplicidade na sua rotina, seja sensível e orgulhe-se de ser tantas personalidades numa só pessoa. Vibre sem se perder, use sua sensibilidade para aproveitar sua força. Use essa capacidade de se reinventar a cada decepção e mantenha-se resiliente a cada amanhecer.

18. Escreva seu dia como você deseja.

....
....
....
....
....

Suspire,
Relaxe e escreva.

Dia dezenove

Sim, você precisa renunciar a alguns amores que não são amores, é hora de sobrevoar alto. Sem ilusão, não romantize pessoas, viva por você.

Nunca deixe ninguém te diminuir, descubra seu valor, é para isso que você está lutando. És merecedora, encontre-se em sua vontade de vencer. Siga sem medo de olhar para trás. A dor fica, siga com a habilidade de alcançar seu objetivo.

Então é hora de ser pragmática, colocar suas decisões a valer, resolver obstáculos e enfrentar situações, sem rodeios, defina seu objetivo na vida, sem subterfúgios. Tenha firmeza em suas decisões e siga sua razão. Tudo se encaixa quando encontramos nossa essência.

19. Escreva seu dia como você deseja.

....
....
....
....
....

Suspire,

Relaxe e escreva.

Dia vinte

Filtre para estar ao lado de pessoas boas. Pessoas que desejam ver você feliz. Sem disfarces, sem engano, sem mentiras. Não se iluda com pouco, não deixe sua vida nas mãos de quem apenas lhe usa. Ser corajosa também é aprender a dizer não. Nossa vida precisa ser a melhor escolha.

Segure minha mão. Preciso do conforto do teu abraço, quero luz no túnel. Não quero viver na escuridão, o caminho tem amor, é isso que eu desejo, estou indo buscar.

20. Escreva seu dia como você deseja.

....
....
....
....
....

Suspire,
Relaxe e escreva.

Dia vinte e um

Veja o mundo com alegria, com admiração. Aprenda a agradecer por aquilo que já conquistou. O mundo também vê luz no seu olhar.

Nunca se arrependa de ser você. Amar é sempre sobre você, jamais se arrependa de ser quem você é, pois, amar é sempre uma jornada que começa e termina em você.

Permita que seu talento brilhe intensamente, como uma estrela radiante que ilumina o céu noturno. Acredite em sua capacidade, pois você é único, dotado de dons e habilidades extraordinárias.

Não deixe que o medo te mantenha preso na própria sombra; em vez disso, liberte-se e avance com coragem e determinação. Lembre-se: o sucesso não é reservado apenas aos destemidos, mas àqueles que têm a ousadia de transformar seus sonhos em realidade.

Então, erga-se, confie no seu potencial e ouse alcançar as estrelas. Você nasceu para brilhar.

21. Escreva seu dia como você deseja.

....
....
....
....
....

Suspire,
Relaxe e escreva.

Dia vinte e dois

A vida é feita de escolhas. Reinvente-se, amadureça seus sentimentos. Encontre o verdadeiro amor em você. Não julgue o outro; você precisa aprender a se conhecer, a entender-se, e compreenderá que o outro é apenas o outro, e que sua vida é construída primeiro por você. O outro entrará quando lhe fizer bem. Abra a porta daquilo que te faz bem. Queira sim um amor, um amor para compartilhar o melhor para os dois. Amor que engana, amor que mente, amor que trai... pense se esse "amor" é o que você deseja.

22. Escreva seu dia como você deseja.

....
....
....
....
....

Suspire,
Relaxe e escreva.

Dia vinte e três

Preocupe-se consigo mesma. Cuide de si e transforme sua vida. Ame seu corpo, seus sentimentos e sua existência. A mulher que faz história vive dentro de você, ela luta incansavelmente, mas às vezes sente falta do doce beijo que um dia recebeu.

Toda mulher deseja carinho, então, permaneça apenas onde é valorizada e desejada. Você não precisa se preocupar com onde está, mas com ser lembrada por quem você é e pelo brilho que emana de sua essência.

23. Escreva seu dia como você deseja.

....
....
....
....
....

**Suspire,
Relaxe e escreva.**

Dia vinte e quatro

Deixe o vento levar o que não faz bem. Você é luz, sempre é tempo de brilhar.

Não espere arrependimentos dos outros, algumas vezes é livramento. Deus sabe quem entra e quem fica na sua história. Deus sabe dos teus pensamentos, é hora de deixar o pensamento com energias positivas.

Esqueça alguns desconfortos para viver plenamente. A vida é uma lição, e a cada palavra que ouvimos, aprendemos a tomar decisões. Não espere do outro algo que nunca chega seja um sentimento, uma resposta ou um elogio. Tome decisões sem depender das ações dos outros; ofereça apenas seu respeito e humildade. Conheça o outro até mesmo em seus lados mais desumanos, mas não deixe que quem não quer seu progresso controle sua vida.

24. Escreva seu dia como você deseja.

....
....
....

....
....

Suspire,
Relaxe e escreva.

Dia vinte e cinco

Desistir daquilo que não te faz bem é uma atitude admirável. Doar-se sempre, porém, não é sustentável. Você se doa várias vezes sozinha, e nada muda; tudo continua igual, o que é péssimo para sua saúde mental, a doação faz bem quando existe reciprocidade. Aí sim é um renascimento, fluindo na vida de ambos. E se doar em excesso possui um impacto negativo, quando não se recebe reciprocidade. Essa falta de mudança pode afetar negativamente a saúde mental da pessoa. A doação só é benéfica quando há uma troca equilibrada de cuidado e apoio entre as partes envolvidas. E quando há reciprocidade na doação, é possível experimentar uma renovação pessoal e um crescimento mútuo, contribuindo para um relacionamento mais saudável e equilibrado.

25. Escreva seu dia como você deseja.

....
....
....
....
....

Suspire,
Relaxe e escreva.

Dia vinte e seis

O amor transborda no coração. Sinta-se viva, intensa e admirável. Ame-se sem limites, cultive boas recordações e cerque-se de boas companhias. Seja cúmplice da sua alma, distribua reciprocidade e seja sincera. Viva intensamente os bons momentos, faça orações verdadeiras e seja sempre grata.

Se dê uma chance, saiba até onde quer chegar. Primeiro sempre você. Na vida é necessário saber olhar na direção certa, saber o momento de parar de doar-se para quem não está nem aí com sua dor. E hora de crescer, você consegue. Manter autorrespeito, autodeterminação e a importância de reconhecer quando é necessário cuidar de si mesmo.

26. Escreva seu dia como você deseja.

....
....
....
....
....

Suspire,
Relaxe e escreva.

Dia vinte e sete

Não quero mais sentir a dor da rejeição, aprendi sobre amar, e estou me amando. Se direcione na decisão de não mais permitir que a dor emocional causada pela rejeição afete você. Reflita um desejo de superar o sofrimento associado à rejeição e buscar formas de lidar com isso de maneira saudável. Aprenda lições sobre o amor, por meio das experiências de rejeição. Isso pode incluir aprender a se amar e valorizar a própria autoestima antes de buscar validação externa. Ao reconhecer que está se amando, você demonstrará um crescimento pessoal e um investimento no próprio bem-estar emocional.

Deseje se conhecer, deseje se amar, e vivencie o processo de autodescoberta e autotransformação após superar a dor da rejeição. Testemunhe sua própria força e resiliência, sabendo que está priorizando o amor-próprio e o crescimento pessoal.

27. Escreva seu dia como você deseja.

....
....
....
....
....

Suspire,
Relaxe e escreva.

Dia vinte e oito

Preocupe-se com você, cuide de você. Transforme sua vida. Tenha amor pelo seu corpo, pelos seus sentimentos, pela sua existência. Você é única, valorize-se. Se olhar bem para ela, verá o quanto ela brilha. Admire-se e nunca esqueça suas raízes, suas crenças e suas ideologias. Esses elementos moldam quem você é e refletem a luz que você irradia para o mundo.

Sim, falaram que mudei. Mudei para melhor, por ter coragem de enfrentar uma nova vida, com medo e sem medo, com emoções confusas, completamente perdida, mesmo assim seguir em frente, foi o melhor que fiz. Mudei para ser melhor, e não para ser condenada.

28. Escreva seu dia como você deseja.

....
....
....
....
....

**Suspire,
Relaxe e escreva.**

Dia vinte e nove

Esteja em silêncio quando for realizar seus mais belos sonhos. Construa seus projetos para você, e tudo será transformado. No teu silêncio as coisas acontecem.

Voe, só assim saberá até onde pode chegar. Não fique presa há um dia triste, faça seu dia precioso. Cuida de sua alma. Faça tudo valer a pena.

29. Escreva seu dia como você deseja.

....
....
....
....
....

**Suspire,
Relaxe e escreva.**

Dia trinta

    Algumas lembranças atormentam e permanecem para sempre. O passado muitas vezes é torturante, e capaz de fazer a dor se abrir a cada anoitecer, permanecendo em nossos sonhos como uma assombração. Nem sempre é fácil lutar contra nossos próprios pesadelos, de tanto viver na dor, se pensa que tudo volta, e muitas vezes quando a felicidade chega, não se consegue viver aquele momento com segurança, desacreditando que és merecedor. É difícil lidar com a dor, e quando são anos de sofrimento, sempre se pensa que algo ruim está por vir. Então esse é o momento de querer mais bem de si, e encontrar forças para lidar com essas mudanças, de dor para merecimento e gratidão. Ainda se tem muito mais a viver e agradecer. A vida aos poucos suaviza a mente, e ajuda a construir nova contemplação de amor dentro da alma. Tudo lentamente passa. É preciso lembrar de nossa força e dessa qualidade inerente a nós. É um lembrete do seu próprio valor e potencial. Proteja sua paz interior e bem-estar emocional, não permitindo que as ações ou palavras de outras pessoas afetem negativamente sua tranquilidade e felicidade. Reconhecer sua própria força e valor, e proteger sua paz interior contra influências externas negativas, é uma decisão que deve ser tomada.

    Palavras são apenas palavras, que desbotam com o tempo. Promessas são promessas. Aqueles que as fazem nem sempre as cumprem. Admire quem cumpre suas promessas e respeita suas palavras. E quem não falta com a verdade.

    Tenha orgulho de criar sua própria história e fazer o que é certo, independentemente da reciprocidade dos outros. A verdadeira gratificação vem de dentro, não de esperar que os outros retribuam. Desenvolva a qualidade de ser recíproco em sua personalidade, estendendo essa característica essencial em sua identidade e comportamento.

30. Escreva seu dia como você deseja.

....

....

....
....
....

**Suspire,
Relaxe e escreva.**

Dia trinta e um

Fazer boas escolhas é a melhor decisão, para se viver grandes momentos. Sem especulações, apenas vivendo e acreditando em seu sonho, que agora está se tornando real, só depende de seu objetivo.

Amanheça com a felicidade explodindo em sua vida, agradeça pelo cantar do pássaro em sua janela, agradeça pelo simples olhar no espelho, por estar consigo mesmo.

Carregue um coração bom, e uma alma jovem. Carregue tranquilidade, o relógio da sua vida não espera, coloque paz no caminho.

Nada melhor que aprender a viver feliz. Esteja imensamente feliz consigo mesma. Essas são algumas dádivas da vida, que não têm valor.

31. Escreva seu dia como você deseja.

....
....
....
....
....

**Suspire,
Relaxe e escreva.**

Dia trinta e dois

Sinta a energia da vida, a delicadeza da mão de Deus nos seus passos. Você nunca está só, até nos momentos mais temerosos e de abandono encontre-se com aquele que sempre está ao seu lado.

O encanto da vida é viver ao lado de pessoas que fazem teu dia ficar feliz, realize momentos que fiquem gravados em sua mente para sempre, tenha a delicadeza de se surpreender.

32. Escreva seu dia como você deseja.

....
....
....
....
....

Suspire,
Relaxe e escreva.

Dia trinta e três

Afaste-se da negatividade. Não seja um espectador, com tantas maravilhas, o melhor é saborear felicidade, e estar distante do que não lhe traga paz, nem sempre se afastar é ser superior ao outro. Se afastar pode ensinar que o seu caminho não é o mesmo do outro. Seguir é uma habilidade que pode te contemplar a lidar com suas emoções diferentes e se encontrar consigo mesmo, e isso você aprende com maturidade e tempo. Nem sempre seu amigo entenderá que algumas situações mudam, e nem sempre estará ao seu lado. Ideias e objetivos de vida ensinam a entender que verdadeiros amigos mudam, e aquele que quer estar ao seu lado permanece, tudo está intrinsicamente ligado à maturidade e ao tempo. E tudo chega com o perdão.

Assuma o controle de sua própria vida, cultive gratidão e planeje o relógio da vida, no som do tic-tac, pois a estrada da vida está em suas mãos. Transforme este momento na melhor colheita, no maior prazer. É em seu semblante que tudo começa a vibrar. Vibre gratidão e organize seus planos para vivê-los.

33. Escreva seu dia como você deseja.

....
....
....
....
....

Suspire,
Relaxe e escreva.

Dia trinta e quatro

Desconecte-se de tudo que não acrescenta à sua jornada. Cultive com carinho a sua própria felicidade, concentre-se em nutrir o seu bem-estar emocional e mental. Não permita que preocupações alheias desviem sua atenção do que realmente importa: cuidar de si mesmo e cultivar uma vida plena de alegria e realizações. Foque em sua felicidade.

Aprenda a se amar, se aconchegue em seu abraço. Supere suas dores. Cure-se daquilo que não cabe mais em seu coração.

34. Escreva seu dia como você deseja.

....
....

....
....
....

Suspire,

Relaxe e escreva.

Dia trinta e cinco

Quer ser feliz de verdade? Se respeite, se acolha, se ame. Não se compare a ninguém. O que te inspira aproveite. O que lhe diminui não lhe pertence. Sua coragem te inspira.

Seja autêntico, seja resiliente, seja corajoso e afaste-se de prazeres momentâneos. Faça o melhor por sua vida, viva bem, seja feliz, adquira conhecimento, tenha paixão pela vida e defina um propósito para o seu dia.

Ame-se, emocione-se, não seja inigualável, permita-se amar a si mesmo incondicionalmente, mergulhe nas emoções que a vida oferece e abrace sua singularidade com uma confiança inabalável. Saiba que você é verdadeiramente especial, dotado de uma essência única que irradia luz e inspira aqueles ao seu redor.

35. Escreva seu dia como você deseja.

....
....
....
....
....

Suspire,

Relaxe e escreva.

Dia trinta e seis

Quando algo não está lhe fazendo bem, se afaste. Quando algo não está contribuindo para o seu bem-estar, tenha a coragem e a sabedoria de se distanciar. Não desperdice energia se comparando aos outros; em vez disso, abrace sua singularidade, aceite cada aspecto de si mesmo e se acolha com amor e compaixão. Lembre-se sempre: o verdadeiro crescimento acontece quando você se permite florescer no seu próprio ritmo, sem se deixar influenciar pelas expectativas alheias.

Seja você, se é para ser incrível, seja você. Se der para ser melhor, seja você. Sempre por você.

36. Escreva seu dia como você deseja.

....
....
....
....
....

Suspire,
Relaxe e escreva.

Dia trinta e sete

A intensidade da vida é para quem vive os melhores momentos. Respeite seus sonhos, agradeça cada lágrima, o melhor da vida está chegando.

37. Escreva seu dia como você deseja.

....
....

....
....
....

Suspire,
Relaxe e escreva.

Dia trinta e oito

    Aprenda lições com o ANO que passou, viva o NOVO ANO intensamente, com fé. Faça boas escolhas, para viver o melhor. Não se limite.

    Se conquiste, conquiste sua vitória. Permita-se conquistar a si mesmo antes de qualquer outra vitória. Encontre a força dentro de você para superar desafios e alcançar seus objetivos mais ambiciosos. Celebre cada passo ao longo do caminho e viva na plenitude de cada conquista. Lembre-se de que a jornada para o sucesso não é apenas sobre alcançar metas externas, mas também sobre cultivar um profundo sentido de autoconfiança, autenticidade e realização pessoal. Mergulhe de cabeça na busca pelos seus sonhos, abrace os desafios com coragem e determinação, e encontre a verdadeira felicidade na jornada rumo à sua própria grandeza humana, até orgulhar-se de si.

38. Escreva seu dia como você deseja.

....
....
....
....
....

Suspire,
Relaxe e escreva.

Dia trinta e nove

Seja capaz de fazer a sua escolha, para ser feliz. Sua vida, sua história.

Preocupe-se com você e com sua alma. Seja seu próprio amor. Dedique sua atenção e cuidado tanto ao seu bem-estar físico quanto ao seu bem-estar espiritual e emocional. É importante olhar para dentro de si mesmo e garantir que suas necessidades sejam atendidas em todos os níveis. Cultive um relacionamento saudável e amoroso consigo mesmo, valorizando-se, respeitando-se e aceitando-se exatamente como é, independentemente das opiniões ou expectativas externas. Priorize seu próprio bem-estar e desenvolva um relacionamento positivo consigo mesmo.

39. Escreva seu dia como você deseja.

....
....
....
....
....

**Suspire,
Relaxe e escreva.**

Dia quarenta

Tudo que tirar sua paz não agrega à sua vida. Lembre-se de que você nasceu para ser amada. Comece a brilhar e irradie luz por onde passar. Afaste-se, então, de tudo o que causa perturbação emocional ou desequilíbrio. Reconheça que coisas ou pessoas que interferem na sua paz interior não contribuem positivamente para sua vida. Todos merecemos amor e afeto, simplesmente por sermos quem somos. Conecte-se com sua verdadeira essência e positividade, e você inspirará e impactará positivamente aqueles ao seu redor. Lembre-se do seu próprio valor e espalhe sua luz pelo mundo.

A lealdade é uma constante construção. Seja leal com sua mente.

40. Escreva seu dia como você deseja.

....
....
....
....
....

Suspire,
Relaxe e escreva.

Dia quarenta e um

E quando a vida começa
a mudar,
e surpreender.
Tudo fica leve,
e você percebe que é capaz de curar
qualquer dor e ser feliz.

41. Escreva seu dia como você deseja.

....
....
....

....
....

Suspire,
Relaxe e escreva.

Dia quarenta e dois

O universo gosta de gente feliz. Gente que acredita em si próprio. Confie em seu propósito.

A beleza é encontrada no seu olhar, a beleza vem de dentro de sua alma, e é vivida por inteiro quando somos capazes de fazer alguém feliz.

42. Escreva seu dia como você deseja.

....
....
....
....
....

Suspire,
Relaxe e escreva.

Dia quarenta e três

Aplauda suas conquistas, ainda que seja sozinha. Seja você então a plateia do seu sucesso.

43. Escreva seu dia como você deseja.

....
....
....
....
....

**Suspire,
Relaxe e escreva.**

Dia quarenta e quatro

Seja mais forte que qualquer sentimento, que lhe faça chorar. Algumas flores não brotaram, apenas exalaram o perfume. No mesmo jardim, outras brotaram lentamente. Assim é a vida, o que acontece para mim pode não acontecer com você, mas nunca é hora de desistir, só desistimos do que não nos faz bem.

44. Escreva seu dia como você deseja.

....
....
....
....
....

**Suspire,
Relaxe e escreva.**

Dia quarenta e cinc

A vida não tem atalhos. Siga firme no seu propósito. Em momentos de dor, quando as sombras da incerteza pairam sobre nós, é crucial lembrar-se da sua coragem. A vida, em sua jornada imprevisível, não nos oferece atalhos para a paz interior ou para a realização dos nossos sonhos mais profundos. Sim, o caminho é desafiador, tortuoso até, mas é exatamente aí que reside a beleza da nossa jornada. Então, erga-se, meu amigo, minha amiga, erga-se diante das tempestades que a vida nos lança. Não desvie o olhar do seu propósito, daquilo que te faz vibrar, daquilo que te faz sentir vivo. Avance com determinação, com a bravura de um guerreiro, pois cada passo que você dá é uma declaração de sua resiliência, uma afirmação do seu poder interior. Lute, não apenas uma vez, mas repetidamente. Lute com a ferocidade de quem sabe que a vitória só é conquistada pelos que persistem. E quando o cansaço se fizer sentir, quando a dúvida tentar se infiltrar em sua mente, lembre-se: você não busca a aprovação dos outros, mas sim a sua própria. É a voz dentro de você que importa, o eco do seu coração pulsante guiará seus passos. Portanto, siga em frente, meu amigo, minha amiga, mesmo quando a jornada parecer íngreme demais. Pois no final dessa estrada sinuosa você encontrará não apenas a aprovação de si mesmo, mas a realização de seus mais profundos anseios. Você é mais forte do que imagina. Acredite. E vença, por você mesmo.

45. Escreva seu dia como você deseja.

....
....
....
....

Suspire,
Relaxe e escreva.

Dia quarenta e seis

A vida não para. Aconteça o que for, calma. Suspire, respire e recomece tranquilamente com coragem para enfrentar os desafios da vida. Em meio às turbulências da vida, é fácil sentir-se sobrecarregado, como se o mundo estivesse girando fora de controle. Mas lembre-se sempre: a vida não para, não espera por ninguém. Não importa quão intensa seja a tempestade que assola seu caminho, há uma serenidade subjacente, uma calma que aguarda ser descoberta dentro de você. Então, respire fundo. Deixe que o ar encha seus pulmões e traga consigo a energia renovadora do universo. Permita-se um momento para suspirar, para liberar as tensões que pesam em seus ombros. E então, com coragem renovada, prepare-se para recomeçar. Sim, a vida é uma jornada repleta de desafios e obstáculos aparentemente intransponíveis. Mas cada desafio é uma oportunidade de crescimento, de transformação. Encare-os com determinação, com a convicção de que você é mais forte do que imagina. Recomece, não com pressa ou ansiedade, mas com a serenidade de quem confia no próprio potencial. Pois dentro de você reside uma força incomparável, uma luz que brilha mesmo nas horas mais sombrias. Então, avance com coragem, sabendo que cada passo que você dá é uma afirmação do seu poder interior. A vida pode ser desafiadora, imprevisível até, mas é essa mesma imprevisibilidade que nos permite crescer, evoluir, nos tornar quem realmente somos. Portanto, não tema o desconhecido. Abra-se para as possibilidades que o amanhã traz consigo. Aconteça o que acontecer, mantenha a calma. Suspire, respire e recomece tranquilamente, pois o melhor ainda está por vir.

Veja a luz, vire importante para você, viva um bom ritual, se desprenda de amores não retribuídos. Não se apegue a amor que não é seu. Abra mão do que te confunde. Recomece uma boa história, sem sentir ausência, abandone amores que não são amores.

46. Escreva seu dia como você deseja.

....
....
....
....
....
....

**Suspire,
Relaxe e escreva.**

Dia quarenta e sete

Faça da sua vida a melhor história. Seja a mulher que escolhe viver plenamente, que nunca desiste e sempre mantém sua essência. Seja aquela que, com coragem e determinação, escreve cada capítulo com autenticidade.

Desprenda-se daquilo que não lhe faz bem.

47. Escreva seu dia como você deseja.

....
....
....
....
....
....

**Suspire,
Relaxe e escreva.**

Dia quarenta e oito

Esqueça o passado e leve consigo apenas o que for bom. Viva o presente com gratidão por cada conquista. Acredite incessantemente em você, e a vida lhe surpreenderá. O universo entregará tudo o que for pedido com amor.

48. Escreva seu dia como você deseja.

....
....
....
....
....

Suspire,
Relaxe e escreva.

Dia quarenta e nove

Ame-se incondicionalmente! Valorize cada pedacinho de quem você é. Orgulhe-se das suas conquistas, dos seus esforços e do caminho que percorreu até aqui. E quando alguém tentar diminuir a sua luz, lembre-se de todas as vezes que você se ergueu, de todas as batalhas que venceu, e deixe que a sua superação fale por si só. Seja o ponto de luz que ilumina até nos momentos mais sombrios, aquele que nunca perde o brilho, que continua irradiando esperança, amor e determinação. Pois você é mais forte do que imagina e merece todo o amor e admiração, principalmente vindo de você mesmo.

49. Escreva seu dia como você deseja.

....
....

....
....
....

**Suspire,
Relaxe e escreva.**

Dia cinquenta

Esteja em paz, para viver momentos inesquecíveis. Quando você passa a se cuidar, você vive o extraordinário. Se oportunize, já está na hora de desabrochar.

50. Escreva seu dia como você deseja.

....
....
....
....
....

**Suspire,
Relaxe e escreva.**

Dia cinquenta e um

Energia para viver grandes emoções. Respire fundo e vá, siga, não tenha medo do que viver. O melhor vai fazer parte de sua vida, tire essa fraqueza de sua alma. Respire fundo e siga em frente, sem medo do desconhecido. Você pode agir e explorar novos horizontes, apesar das incertezas que possam surgir, supere qualquer fraqueza ou insegurança que possa sentir. Fortaleça a mente e o espírito, preparando-se para abraçar as oportunidades que surgirem. Então é hora de otimismo, coragem e determinação, enfrente a vida com uma atitude positiva e abrace as emoções e experiências que ela tem a oferecer.

51. Escreva seu dia como você deseja.

....
....
....
....
....

Suspire,
Relaxe e escreva.

Dia cinquenta e dois

Seja aquela mulher corajosa, que nunca para, e está sempre pronta para recomeçar. Seja valente e destemida diante dos desafios que enfrentamos na vida, avançando continuamente, mesmo diante de obstáculos ou dificuldades. Temos a capacidade de ser resilientes e adaptáveis às mudanças, e, independentemente das circunstâncias, devemos estar abertas a recomeçar e buscar novas oportunidades. Portanto, seja aquela mulher empoderada, persistente e preparada para enfrentar os desafios da vida com coragem, determinação e foco em seu crescimento pessoal.

52. Escreva seu dia como você deseja.

....
....
....

....
....

Suspire,
Relaxe e escreva.

Dia cinquenta e três

Quando alguém te troca, é sempre por algo mais fácil. Nem todos suportam estar ao lado de uma mulher que brilha. Somente um homem que reconhece e valoriza uma estrela consegue caminhar ao seu lado. E quando encontrar a sua estrela, segure-a firme.

53. Escreva seu dia como você deseja.

....
....
....
....
....

Suspire,
Relaxe e escreva.

Dia cinquenta e quatro

Para todo sempre, deixe para trás tudo aquilo que não te faz bem. Siga em frente com coragem e determinação, e nunca duvide de si mesmo. Seu olhar deve estar sempre voltado para o horizonte, onde seus sonhos e objetivos te aguardam. Mantenha-se firme na sua jornada, confiante na sua direção e no seu propósito.

54. Escreva seu dia como você deseja.

....
....
....
....
....

Suspire,
Relaxe e escreva.

Dia cinquenta e cinco

Se entregue a alguém, na mesma proporção que o outro se entrega. Nem mais, nem menos. O amor nasce da reciprocidade, não do sofrimento, se entregue ao relacionamento de forma equilibrada. O amor verdadeiro se baseia na troca mútua, em que ambas as partes contribuem de maneira igual e se apoiam mutuamente. O amor não nasce do sofrimento, de relacionamentos desequilibrados ou tóxicos, você não pode se sacrificar excessivamente em nome do amor, o que pode levar ao sofrimento emocional. Promova em sua vida um relacionamento saudável e equilibrado, em que o amor é construído sobre a base da reciprocidade e do respeito mútuo. Busque uma pessoa que esteja cultivando um relacionamento sincero com você.

55. Escreva seu dia como você deseja.

....
....
....
....
....

Suspire,
Relaxe e escreva.

Dia cinquenta e seis

Um brinde à vida, e que a cada amanhecer você acorde com mais vontade de vencer, com a determinação que ilumina com uma nova chama de esperança. Que sua jornada seja pontuada por momentos de triunfo e superação, e que cada obstáculo seja apenas mais uma oportunidade de crescimento e fortalecimento, e sua força interior continue a inspirar aqueles ao seu redor, e que seus sonhos se realizem em cada passo do caminho. Mantenha esse espírito indomável que molda o destino e desafia os limites do possível, e que sua coragem e resiliência sejam eternamente celebradas, sendo sempre essa fonte de inspiração.

56. Escreva seu dia como você deseja.

....
....
....
....
....

Suspire,
Relaxe e escreva.

Dia cinquenta e sete

Seja aquela pessoa que não espera nada de ninguém, corre atrás de tudo que merece, que acredita em sonhos, não amolece em seguir seu destino e não se importa quando falam de você. Que é sempre capaz ou suficiente para conseguir o que deseja. Não importa de onde você vem, se não é de família abastada, você só precisa acreditar na sua capacidade de vencer e seguir corajosamente firme em seu sonho.

57. Escreva seu dia como você deseja.

....
....
....
....
....

Suspire,

Relaxe e escreva.

Dia cinquenta e oito

Lute para viver momentos memoráveis. Seja capaz de proporcionar para você.

58. Escreva seu dia como você deseja.

....
....
....
....
....

Suspire,

Relaxe e escreva.

Dia cinquenta e nove

Torne tudo melhor, seja feliz, não carregue tristeza, tenha habilidade para enfrentar seus problemas. Escolha sorrir e retribuir amor. Faça de cada dia uma jornada em direção à felicidade, em que você se compromete a tornar tudo melhor, não apenas para si mesmo, mas para aqueles ao seu redor. Em vez de permitir que a tristeza pese em seu coração, cultive a habilidade de enfrentar seus problemas com coragem e determinação. Escolha o sorriso como sua arma mais poderosa, uma expressão de gratidão pelas bênçãos que você tem e uma demonstração de otimismo diante dos desafios que ainda estão por vir. Lembre-se de que o sorriso é contagioso, capaz de iluminar o dia de quem quer que você encontre no seu caminho. Mas não se contente em apenas sorrir; retribua amor sempre que puder. Deixe que o amor seja a força motriz por trás de suas ações, guiando-o para espalhar gentileza e compaixão por onde quer que vá. Seja um farol de luz em um mundo muitas vezes obscurecido pela negatividade e pela indiferença. E quando as adversidades surgirem, como inevitavelmente o farão, lembre-se de que você possui dentro de si a força e a resiliência necessárias para superá-las. Encare cada desafio como uma oportunidade de crescimento e aprendizado, e permita-se ser transformado por essas experiências. Portanto, não carregue o peso da tristeza em seus ombros. Em vez disso, erga-se com a leveza da esperança e da alegria. Torne tudo melhor com seu sorriso e seu amor, e deixe sua marca positiva neste mundo que tanto precisa de sua luz.

59. Escreva seu dia como você deseja.

....
....
....
....
....

Suspire,
Relaxe e escreva.

Dia sessenta

Ame estar em paz consigo, tudo fica leve, e nosso pensamento fica cheio de boas energias. Amar estar em paz consigo mesmo é como descobrir um oásis no meio do deserto árido da vida. É um estado de ser que transcende as preocupações mundanas e nos transporta para um lugar de serenidade e harmonia interior. Quando nos permitimos amar a paz que habita em nosso próprio ser, tudo ao nosso redor se transforma. As preocupações se dissipam, as tensões se desvanecem e somos envolvidos por uma sensação de leveza e tranquilidade. É como se um fardo invisível fosse retirado de nossos ombros, permitindo-nos caminhar com mais graça e fluidez. Nesse estado de paz interior, nossos pensamentos se tornam luminosos, repletos de boas energias que irradiam para o mundo ao nosso redor. É como se estivéssemos em sintonia com o universo, conectados à sua vasta teia de energia positiva. Amar estar em paz consigo mesmo não significa ignorar os desafios da vida, mas sim enfrentá-los com uma calma e confiança inabaláveis. É encontrar um refúgio dentro de si mesmo, um lugar sagrado em que podemos nos recarregar e encontrar inspiração para seguir em frente. Portanto, cultive esse amor pela paz interior. Nutra-o com práticas de autocuidado e reflexão. Permita-se momentos de quietude e contemplação, em que possa reconectar-se consigo mesmo e com o fluxo tranquilo da vida. Quando amamos estar em paz conosco mesmos, não apenas transformamos nossa própria existência, mas também irradiamos essa paz para o mundo ao nosso redor, criando um ambiente de harmonia e bem-estar para todos que cruzam nosso caminho.

60. Escreva seu dia como você deseja.

....
....
....
....
....

Suspire,
Relaxe e escreva.

Dia sessenta e um

Torne-se, uma pessoa feliz. Ame sua vida, e desfrute de bons momentos.

61. Escreva seu dia como você deseja.

....
....
....
....
....

Suspire,
Relaxe e escreva.

Dia sessenta e dois

Seja luz. Encha sua vida de coisas boas, permitindo que a positividade e a esperança iluminem seu caminho. Espalhe essa luz ao seu redor, realizando boas ações e sendo uma fonte de inspiração e bondade para os outros. Ao se cercar de energia positiva e ao praticar o bem, você se torna um farol de luz, guiando e iluminando a vida daqueles que cruzam o seu caminho.

62. Escreva seu dia como você deseja.

....
....

....
....
....

**Suspire,
Relaxe e escreva.**

Dia sessenta e três

Viva intensamente sua história, e agradeça por se lembrar de suas memórias. Transforme sua vida em momentos inesquecíveis praticando o bem. Seja sempre uma presença brilhante e edificante no mundo.

63. Escreva seu dia como você deseja.

....
....
....
....
....

**Suspire,
Relaxe e escreva.**

Dia sessenta e quatro

Quando não estiver recebendo apoio de ninguém, mantenha sua decisão e siga em frente, mesmo sozinha. Nunca pare, acredite no seu sonho, independentemente das adversidades ou ventanias. Mantenha-se firme e cautelosa em seus objetivos. Crie o hábito de acreditar nas suas palavras, honrar sua trajetória e valorizar sua existência. Lembre-se sempre do seu valor e da sua força, pois são eles que te guiarão rumo às suas conquistas.

64. Escreva seu dia como você deseja.

....
....
....
....
....

Suspire,
Relaxe e escreva.

Dia sessenta e cinco

Procure ocupar seu tempo com você. Não fique com pensamento negativo, querendo entender o que lhe fizeram, pessoas infelizes sempre fazem maldade e nunca se preocupam em fazer o bem. Outras se aproximam para tirar proveito, então sempre ficam lições, boas, amargas, tristes. Segure a onda e erga a cabeça, lembre-se, pessoas boas vibram com nossa presença, e torcem por nossa colheita.

65. Escreva seu dia como você deseja.

....
....
....
....
....

Suspire,
Relaxe e escreva.

Dia sessenta e seis

A dor da rejeição é devastadora. A vontade de vencer te faz recomeçar. Renascendo sua força para de novo vencer.

66. Escreva seu dia como você deseja.

....
....
....
....
....

Suspire,
Relaxe e escreva.

Dia sessenta e sete

Com o tempo você aprende abrir e fechar a porta da vida para quem não lhe faz bem. O ensinamento chega com a maturidade.

Procure um caminho em que você é vista pelo seu bom coração, pela sua bondade, pela sua energia, pelo seu amor. Por quem você é. Não fique esperando ouvir o que você já sabe. Mantenha-se firme em seu propósito.

67 Escreva seu dia como você deseja.

....
....
....
....
....

Suspire,
Relaxe e escreva.

Dia sessenta e oito

Ame-se primeiro. A paz está fluindo, já comece a sentir o gosto da mudança, de coisa boas acontecendo. Deixe fluir, deixe fluir no silêncio. Cresça, amadureça e se envolva na sua vida, e viverá a vida que merece.

68. Escreva seu dia como você deseja.

....
....
....
....
....

Suspire,
Relaxe e escreva.

Dia sessenta e nove

Deixe partir quem não quer ficar ao seu lado. Quem lhe ama permanece, sendo livre.

Certas escolhas ensinam a que devemos nos apegar.

Desapegue de futilidade, não amargure seu coração por quem não se preocupa contigo.

Aprenda a ser feliz com sua companhia.

69. Escreva seu dia como você deseja.

....
....
....

....
....

**Suspire,
Relaxe e escreva.**

~~~~~~

Dia setenta

Você é luz do teu caminhar, não deixe ninguém fazer que pense o contrário. Continue brilhando.

O mundo te espera para novas histórias. Alguém quer sua companhia, alguém te espera em algum lugar.

70. Escreva seu dia como você deseja.

....
....
....
....
....

**Suspire,
Relaxe e escreva.**

~~~~~~

Dia setenta e um

Deixe sua fé tomar conta de sua vida, fique forte, aprecie a simplicidade da vida, aprecie o abraço sincero, a conversa boba, aprecie o silêncio do dia, o ronco profundo do carro, o cantar do pássaro, a onda do mar, o som da música, o olhar da noite, seu corpo, seu sorriso, seu cheiro, aprecie você.

71. Escreva seu dia como você deseja.

....
....
....
....
....

Suspire,

Relaxe e escreva.

Dia setenta e dois

Para lembrar de tudo, uma pitada de gratidão! Para ontem gratidão, para hoje gratidão, amanhã gratidão! Eu não quero desperdiçar nada na vida, nem meu pensamento.

Nada pode parar seu caminho, repita cada passo até se tornar imbatível. Você pode mudar seu destino, só depende de fazer boas escolhas. Vibre por sua conquista, se torne um alicerce em construção. Cuide de sua mente e permaneça firme em seu propósito, guie sua vida em sua razão, prenda seus objetivos e arrebente quando chegar o momento que você buscava alcançar. Agradeça cada detalhe, e fique firme em sua vida.

72. Escreva seu dia como você deseja.

....
....
....
....
....

Suspire,

Relaxe e escreva.

Dia setenta e três

Você é incrível, não se compare, e não deixe ninguém te comparar com o outro. Acreditar em seu potencial é o início de sua vitória. Aprendi que algumas conquistas demoram um pouco mais, que chegam quando você se encontrou com o seu "eu".

73. Escreva seu dia como você deseja.

....
....
....
....
....

**Suspire,
Relaxe e escreva.**

Dia setenta e quatro

Um passo a cada amanhecer. O que você não pode é ficar parado. É dia de brilhar. Recomece o processo, recomece para se sentir melhor, encontre seu caminho, na delicadeza da vida. A melhor parte da vida é saber que quem escreve é você, escreva bem, desenhe, pode colorir, essa é sua vida. Faça uma história para se sentir feliz.

74. Escreva seu dia como você deseja.

....
....
....

....
....

Suspire,
Relaxe e escreva.

Dia setenta e cinco

O silêncio é o retorno, você aprendeu a lidar com o que deveria ter feito antes.

75. Escreva seu dia como você deseja.

....
....
....
....
....

Suspire,
Relaxe e escreva.

Dia setenta e seis

Se entregue a essa magia chamada vida. Comece sorrindo. Realize seus sonhos. Creia que temos o infinito para realizá-los. Receba amor, deixe ele se aproximar com leveza, tenha autoestima. Trate bem o amor, ele gosta de quem se trata bem. Ser feliz é administrar conflitos, sem autoflagelar-se. O amor não é um pré-requisito para felicidade, precisamos administrar nossas escolhas, para definirmos o que queremos buscar na vida, para o amor poder entrar em nosso caminho.

76. Escreva seu dia como você deseja.

....
....
....
....
....

**Suspire,
Relaxe e escreva.**

Dia setenta e sete

Seja feliz hoje, você é extraordinária, sua escolha é a oportunidade para um novo recomeço. Sem dependência emocional. Calma, as melhores escolhas são feitas quando escolhemos ser respeitadas. Gerir nossas emoções é nosso dever.

77. Escreva seu dia como você deseja.

....
....
....
....
....

**Suspire,
Relaxe e escreva.**

Dia setenta e oito

Sonhos foram feitos para serem realizados, se afaste de pessoas que não acreditam em você, sua vida merece sua lealdade, sua confiança.

78. Escreva seu dia como você deseja.

....
....
....
....
....

Suspire,

Relaxe e escreva.

Dia setenta e nove

Aproveite a sua vida e celebre a sua história. Ame-se profundamente, pois você é a melhor parte do seu sorriso. Tudo o mais são conquistas que você alcança ao longo do caminho. Valorize cada momento e cada vitória, lembrando sempre que o amor-próprio é a base de toda felicidade.

79. Escreva seu dia como você deseja.

....
....
....
....
....

Suspire,

Relaxe e escreva.

Dia oitenta

Sintonize o som da sua vida. Escolha a música para viver sua melhor versão.

80. Escreva seu dia como você deseja.

....
....
....
....
....

**Suspire,
Relaxe e escreva.**

Dia oitenta e um

Sabe aquela pessoa que te faz sorrir a cada amanhecer? E te faz lembrar o quanto você é especial? Sim... Ela vale a pena!

Desligue-se das assombrações que tentam entrar em sua mente, absorva a liberdade e crie bons pensamentos. Sua mente ficará emocionalmente grata por estar livre de negatividade. Lute o quanto for preciso, colocando motivações em sua mente, e aprenda a lidar com a energia positiva. Não deseje viver na escuridão; produza sentimentos de realização e seja grato por fazer uma nova escolha na vida.

81. Escreva seu dia como você deseja.

....
....

....
....
....

Suspire,

Relaxe e escreva.

Dia oitenta e dois

Foque sua vida fazendo boas escolhas. Você não deve ser segunda opção de ninguém.

Não dê chances para quem lhe tira a paz. Seja você a sua primeira opção.

82. Escreva seu dia como você deseja.

....
....
....
....
....

Suspire,

Relaxe e escreva.

Dia oitenta e três

Seja paciente e permita que o processo de evolução ocorra naturalmente, em seu próprio ritmo, já que evoluir é um processo, tenha coragem, paciência e tenha compaixão pelos outros. Seja infinitamente uma pessoa capaz de encontrar coragem em você, e cresça. Mudanças são para ser uma pessoa com maturidade, entender que nosso propósito é ser feliz e deixar o outro feliz, e não tentar destruir o outro.

83. Escreva seu dia como você deseja.

....
....
....
....
....

**Suspire,
Relaxe e escreva.**

Dia oitenta e quatro

Você está onde deveria estar, essa é sua vida. Esse é seu lugar, chega de mentiras, chega de se enganar e deixar a sua vida em segundo plano. Resolva-se consigo.

84. Escreva seu dia como você deseja.

....
....
....
....
....

**Suspire,
Relaxe e escreva.**

Dia oitenta e cinco

Afaste-se de pessoas que não lhe trazem paz. Essa definição é mágica. Parece sem graça, mas experimente.

85. Escreva seu dia como você deseja.

....
....
....
....
....

Suspire,

Relaxe e escreva.

Dia oitenta e seis

Já se olhou no espelho hoje, e viu a pessoa incrível que você é? Valorize-se.

86. Escreva seu dia como você deseja.

....
....
....
....
....

Suspire,

Relaxe e escreva.

Dia oitenta e sete

Quando você aprende que a felicidade vem de coisa pequenas, aprende a ser feliz na vida.

Perdemos tanto tempo em procurar algo que sempre esteve conosco. Você primeiro.

87. Escreva seu dia como você deseja.

....
....
....
....
....

Suspire,
Relaxe e escreva.

Dia oitenta e oito

Encontre motivos para viver momentos incríveis, para permanecer em sua memória, encontre motivos para lembrar quem é você.

88. Escreva seu dia como você deseja.

....
....
....
....
....

Suspire,
Relaxe e escreva.

Dia oitenta e nove

Ficamos pensando algumas vezes em entender respostas, esquecendo de viver. Algumas respostas devem ficar no passado, já que não serão compreendidas, nada de desgaste mental.

89. Escreva seu dia como você deseja.

....
....
....
....
....

Suspire,
Relaxe e escreva.

Dia noventa

Lembrou de ser feliz hoje? Ainda tem segundos, minutos, horas te esperando. O tempo não espera, mas você pode mudar seus momentos. Torne tudo compreensível, aceite mudanças. Aceite novos ciclos.

90. Escreva seu dia como você deseja.

....
....

....
....
....

Suspire,
Relaxe e escreva.

Dia noventa e um

    Abençoe cada momento vivido, pois essa é sua história. Ame-se a cada amanhecer; não espere anos para recomeçar por medo. Permanecer preso e com medo é uma árdua jornada, é sofrimento em sua vida. Sempre haverá reviravoltas, e o universo lhe mostrará caminhos para recomeçar. Aceite e entregue sua vida ao destino que flui ao seu lado.

    Olhe a luz no teu caminho. Se entregue a essa paz, que vem devagar, com esperança e tranquilidade, para encontrarmos conforto e serenidade. Confie no processo, mesmo que as mudanças ocorram lentamente, e assim nos abrimos para a calma que está ao nosso alcance.

91. Escreva seu dia como você deseja.

....
....
....
....
....

Suspire,
Relaxe e escreva.

Dia noventa e dois

Recomeçar é um sinal de superação, acredite no seu potencial e invista em você. Seja em uma situação difícil ou após um fracasso, é um sinal de força e resiliência. É uma afirmação de que superar desafios e seguir em frente é uma parte natural do processo de crescimento pessoal, e cada um de nós possui habilidades, talentos e recursos internos que podem ser desenvolvidos e aproveitados para alcançar seus objetivos. Cuidar de si mesmo e buscar o autodesenvolvimento inclui educar-se, buscar oportunidades de crescimento pessoal e profissional, e priorizar o bem-estar físico, mental e emocional. Inspire-se e motive-se, abraçando os desafios da vida, confie em sua capacidade e invista em próprio crescimento e felicidade.

92. Escreva seu dia como você deseja.

....
....
....
....
....

**Suspire,
Relaxe e escreva.**

Dia noventa e três

Afaste-se de quem não te faz forte. Afaste-se de quem te derruba todo dia. Afaste-se de amor falso. Afaste-se de sorriso irônico. Afaste-se de falta de carinho. Afaste-se daquilo que te derruba.

93. Escreva seu dia como você deseja.

....
....
....
....
....

Suspire,
Relaxe e escreva.

Dia noventa e quatro

Alguns ciclos se encerram para abrir espaço a novos caminhos e memórias em nossas vidas. Cada fim marca o início de uma nova jornada, trazendo a chance de criar experiências inesquecíveis. É uma oportunidade para deixar para trás o hábito de procrastinar e continuar vivendo com intensidade. Aproveite cada momento com paixão e determinação, abraçando o novo com coragem e entusiasmo.

94. Escreva seu dia como você deseja.

....
....
....
....
....

Suspire,
Relaxe e escreva.

Dia noventa e cinco

E o vento soprou, trazendo consigo gotas de luz. Viva rodeado de pessoas genuínas e não de aparência. Cultive relações autênticas, valorizando a sinceridade e a verdadeira essência de cada um. Deixe que a luz da verdade ilumine seu caminho, guiando-o para conexões profundas e significativas.

95. Escreva seu dia como você deseja.

....
....
....
....
....

Suspire,
Relaxe e escreva.

Dia noventa e seis

Relaxe, sem culpas, sem agradar os outros, se agrade. Seja ousada até encontrar seus passos, e seja eternamente capaz de se amar.

Você é capaz de se amar todo dia, seja o grande amor de sua vida. Defina sua personalidade, aceite sua versão, e resolva sua vida. Mantenha sua coragem, e seja positiva.

96. Escreva seu dia como você deseja.

....
....
....

....
....

Suspire,

Relaxe e escreva.

Dia noventa e sete

Aprenda a se conhecer, para saber qual a sua afinidade, foque nesse compromisso e direcione para alcançar o seu objetivo final.

97. Escreva seu dia como você deseja.

....
....
....
....
....

Suspire,

Relaxe e escreva.

Dia noventa e oito

Entre vários caminhos, entre vários passos, entre várias pessoas, escolha você, seja essência. Cure-se, escolha a si mesmo, priorize sua própria autenticidade e verdade interior em meio a todas as opções e influências externas. Ser essência implica em ser verdadeiro consigo mesmo, alinhado com seus valores, paixões e identidade única. Essa é uma chamada para o autocuidado e a cura pessoal. Seja autêntico, você pode encontrar cura e bem-estar interior, se aceite, se perdoe, e tenha amor-próprio.

98. Escreva seu dia como você deseja.

....
....
....
....
....

**Suspire,
Relaxe e escreva.**

Dia noventa e nove

Gaste seu tempo sendo feliz. O que pensam de você não é seu problema. Você é incrível.

99. Escreva seu dia como você deseja.

....
....
....
....
....

**Suspire,
Relaxe e escreva.**

Dia cem

Quando foi a última vez que se sentiu feliz?

Você pode ser feliz todo dia, só depende de suas escolhas. Escolher é uma decisão difícil, mas você é a única pessoa que pode proporcionar isso a si mesmo.

100. Escreva seu dia como você deseja.

....
....
....
....
....

Suspire,
Relaxe e escreva.

II.

DIAS FELIZES

Dia cento e um

Transforme rejeição em reflexão. Você não precisa se acostumar com a dor, não se autodestrua acreditando que o problema está em você. A vida é sobre ir além, sobre trilhar um caminho só seu.

101. Escreva seu dia como você deseja.

....
....
....
....
....

**Suspire,
Relaxe e escreva.**

Dia cento e dois

Um, dois, três, lembre-se, você nasceu para brilhar. Hoje é um belo dia para recomeçar.

102. Escreva seu dia como você deseja.

....
....
....
....
....

Suspire,

Relaxe e escreva.

Dia cento e três

Você é essência, é sua própria inspiração. Transforme isso em sua realidade. Viva num mundo real, focando em sua vida. Querendo seu bem, falando sobre você.

103. Escreva seu dia como você deseja.

....
....
....
....
....

Suspire,

Relaxe e escreva.

Dia cento e quatro

Se desprenda daquilo que não te acrescenta. Pare de pensar em quem não te faz bem, e foque em você.

104. Escreva seu dia como você deseja.

....
....
....
....
....

Suspire,
Relaxe e escreva.

Dia cento e cinco

Comande sua vida, não deixe ninguém interferir no que for lhe trazer tristeza. Busque ser feliz se amando, se conhecendo e vivendo feliz. Encontre seu propósito.

105. Escreva seu dia como você deseja.

....
....
....
....
....

Suspire,
Relaxe e escreva.

Dia cento e seis

Mostre o sorriso que reside dentro de você, irradiando sua luz interior para o mundo. Revele seu brilho oculto, aquele que inspira e encoraja outras pessoas. Lembre-se sempre: você é capaz de alcançar grandes feitos e transformar os desafios em oportunidades de crescimento e realização.

106. Escreva seu dia como você deseja.

....
....
....
....
....

Suspire,
Relaxe e escreva.

Dia cento e sete

Regue todos os dias amor, até nos dias mais confusos. Viva cada detalhe, se emocione, sorria e agradeça.

107. Escreva seu dia como você deseja.

....
....
....
....
....

Suspire,
Relaxe e escreva.

Dia cento e oito

Chegue aonde sempre pensou em estar. Saiba onde encontrar seu lugar, em qualquer espaço, só depende do seu esforço. Acredite em você e no seu potencial.

Na página em branco, a tinta ganha vida, palavras dançam ganhando vida. Cada verso é um eco da alma a ecoar, em um universo em que o tempo se faz parar. Entre linhas, segredos e sonhos se revelam. O livro da vida é um portal para o infinito, em que o coração encontra seu abrigo e a vida segue seu destino.

108. Escreva seu dia como você deseja.

....
....
....
....
....

Suspire,
Relaxe e escreva.

Dia cento e nove

Aprenda a gostar da sua evolução, muitas vezes você vai pensar em desistir, mas quando chegar no final, vai agradecer a cada momento. Vá entender sua superação, esse desafio é teu, não importa quanto tempo leve, é somente teu.

109. Escreva seu dia como você deseja.

....
....

....
....
....

Suspire,
Relaxe e escreva.

Dia cento e dez

Olhe-se no espelho e veja a sua aprovação. Sim! Você é linda.

110. Escreva seu dia como você deseja.

....
....
....
....
....

Suspire,
Relaxe e escreva.

Dia cento e onze

Siga confiante e continue distribuindo o melhor sorriso. Seja capaz de curar seus medos.

111. Escreva seu dia como você deseja.

....
....
....

Suspire,
Relaxe e escreva.

Dia cento e doze

A dor não deve ser perpétua em sua vida. Mantenha-se forte, para viver uma nova história,
um novo dia, um novo amanhecer, um novo recomeço, um novo sentido para se amar e ser amada.

Suspire,
Relaxe e escreva.

Dia cento e treze

Ame a mulher incrível que você lutou para ser. Acredite na sua coragem. Você chegou longe, nunca pense em desistir. Lute toda vez que pensar em retrocesso. Ninguém pode impedir sua luta. A fraqueza não combina com sua história.

113. Escreva seu dia como você deseja.

....
....
....

Suspire,

Relaxe e escreva.

Dia cento e quatorze

Alguns detalhes observamos com os anos, podemos fazer tudo que estiver em nosso alcance, mas algumas pessoas que amamos não mudam. Podemos investir todas as nossas forças, e mais forças. Mas aprendemos que é em vão...

E precisamos encontrar o desfecho, que é o distanciamento. Amar também é afastamento.

114. Escreva seu dia como você deseja.

....
....
....
....

Suspire,

Relaxe e escreva.

Dia cento e quinze

O silenciar da noite é um caminhar vazio, desvenda os mistérios, e a personalidade de cada pessoa entre a escuridão e seus sonhos. Mantenha cuidado quando for empurrada para não fazer parte da vida de alguém. Você precisa aceitar que não faz mais parte desse mundo. A caída sempre é cruel. Algumas dores permanecem eternamente. Cuide da sua alma, garota.

115. Escreva seu dia como você deseja.

....
....
....
....
....

Suspire,
Relaxe e escreva.

Dia cento e dezesseis

Para hoje, e para todos os outros dias, muita paz. Ame-se, você é capaz de curar-te, e viver plenamente feliz.

116. Escreva seu dia como você deseja.

....
....
....
....
....

Suspire,
Relaxe e escreva.

Dia cento e dezessete

Acredite sempre na sua capacidade de lutar, nunca pense em desistir.

117. Escreva seu dia como você deseja.

....
....
....
....
....

Suspire,
Relaxe e escreva.

Dia cento e dezoito

Dê amor à sua prioridade.
Você!
Basta de pensamento negativo, seu cérebro não precisa ficar exaustivo, não deixe ele te deprimir, você é o responsável por criar seus pensamentos. Defina criar positividade, defina criar boas aventuras, cheias de alegrias e consistentes.

118. Escreva seu dia como você deseja.

....
....
....
....
....

Suspire,
Relaxe e escreva.

Dia cento e dezenove

Tenha fé, essa força superior, que te guia, não desampara. Acredite e verás o incrível acontecer. Deus, obrigada por estar sempre nos vigiando, obrigada pela sua generosidade sobre nossa vida. Obrigada por sua compreensão sobre nossa forma de desatenção com sua palavra. Obrigada por nos amar intensamente, e entender nossa imaturidade diante do seu amor. Obrigada, Deus, por nos dar tudo, e ganhar tão pouco de mim.

119. Escreva seu dia como você deseja.

....
....
....
....
....

Suspire,
Relaxe e escreva.

Dia cento e vinte

Conheça sua essência, e depois comprometa-se em alcançar o resultado que deseja.

120. Escreva seu dia como você deseja.

....
....

....
....
....

Suspire,

Relaxe e escreva.

Dia cento e vinte e um

Cultive bons olhares, cultive bons momentos. Inspire sua vida na busca de fazer o bem.

121. Escreva seu dia como você deseja.

....
....
....
....
....

Suspire,

Relaxe e escreva.

Dia cento e vinte e dois

Uma mulher forte vive dentro de mim, e nunca desiste de mim mesma, recomeça a cada amanhecer. Seja você essa mulher.

A tristeza tomou conta de mim, dia de lembrar o meu "eu", lembrar quem sou, que nessa história não cabe tristeza.

Seja feliz, acredite em sua vontade de viver, faça suas melhores escolhas. A vida quer viver bem contigo.

122. Escreva seu dia como você deseja.

....
....
....
....
....

Suspire,
Relaxe e escreva.

Dia cento e vinte e três

Seja a musa que te faz feliz, a felicidade começa dentro de você, hoje é um belo dia para acreditar em você, quem você lutou para ser. Acredite, você é inspiração. Muitos se inspiram em você, é real. Continue inspirando.

123. Escreva seu dia como você deseja.

....
....
....
....
....

Suspire,
Relaxe e escreva.

Dia cento e vinte e quatro

Você é incrivelmente maravilhosa. Surpreenda-se com a sua imensa capacidade de ser forte.

124. Escreva seu dia como você deseja.

....
....
....
....
....

Suspire,

Relaxe e escreva.

Dia cento e vinte e cinco

Quando você pensar que tudo acabou, que não vale mais pena, lembre-se qual o verdadeiro sentido de você ter chegado até aqui. Você já enfrentou situações piores. Seja luz para você.

125. Escreva seu dia como você deseja.

....
....
....
....
....

Suspire,

Relaxe e escreva.

Dia cento e vinte e seis

Mais um dia para brilhar, você é capaz, deixe de lado o que não te acolhe, seja ímpar, seja par, seja íntegra.

126. Escreva seu dia como você deseja.

....
....
....
....
....

Suspire,
Relaxe e escreva.

Dia cento e vinte e sete

O segredo da felicidade está em você, nunca esteve ou estará longe de você. Ame-se o quanto puder, e no dia que achar que não está bem, ame um pouco mais. Seja infinita na busca de amar-se.

127. Escreva seu dia como você deseja.

....
....
....
....
....

Suspire,
Relaxe e escreva.

Dia cento e vinte e oito

A viagem da sua vida é com você. Os caminhos são longos. Os corredores são extensos. Tenha fé. No silêncio do caminho encontrará aquilo que procura.

128. Escreva seu dia como você deseja.

....
....
....
....
....

Suspire,

Relaxe e escreva.

Dia cento e vinte e nove

Corte alguns vínculos para acalmar sua alma.

Se harmonize com você, sem julgamento. Olhe no espelho, é linda, se aceite, fique de bem contigo.

129. Escreva seu dia como você deseja.

....
....
....
....
....

Suspire,

Relaxe e escreva.

Dia cento e trinta

Com o tempo, chega a maturidade, por mais estranho que pareça, aprendemos que coisas simples antes são sagradas agora. E você percebe o quanto é importante para si mesmo.

130. Escreva seu dia como você deseja.

....
....
....
....
....

Suspire,
Relaxe e escreva.

Dia cento e trinta e um

Encontre a felicidade nas pequenas coisas da vida, enxergue a felicidade até no pequeno botão de rosa, e não apenas na rosa. Enxergue a felicidade no seu caminho.

131. Escreva seu dia como você deseja.

....
....
....
....
....

Suspire,
Relaxe e escreva.

Dia cento e trinta e dois

Seja o seu próprio ponto de luz, irradiando esperança e positividade em seu caminho. Seja também o seu ponto de fé, confiando em sua capacidade de superar desafios e alcançar seus objetivos. Cultive o desejo sincero de se tornar a melhor versão de si mesmo a cada dia. Em essência, seja autenticamente você, pois é nessa autenticidade que reside o seu verdadeiro poder.

132. Escreva seu dia como você deseja.

....
....
....
....
....

Suspire,

Relaxe e escreva.

Dia cento e trinta e três

Você não deve sofrer para caber no mundo de alguém. Sofrer não combina com amor. Abra mão de algumas coisas. Se encaixar na vida de alguém não é seu lugar, alguns processos demoram, mas passam. Nunca duvide de você.

133. Escreva seu dia como você deseja.

....
....
....
....
....

Suspire,

Relaxe e escreva.

Dia cento e trinta e quatro

Acredite em você, abra as janelas da vida e deixa o sol entrar.

134. Escreva seu dia como você deseja.

....
....
....
....
....

Suspire,
Relaxe e escreva.

Dia cento e trinta e cinco

Conheça-te primeiro, viva a sua sintonia. Sabe aquela rosa, aquela que está dentro de você? Precisa ser bem cuidada para florescer. Cuide da sua rosa, para ela florir. Uma rosa cuidada brilha no jardim, e ilumina todas as outras rosas para desabrocharem. Encoraje outras rosas ao seu redor.

135. Escreva seu dia como você deseja.

....
....
....
....
....

Suspire,
Relaxe e escreva.

Dia cento e trinta e seis

Complete sua vida com amor. Doe amor em tudo que estiver presente em sua vida.

136. Escreva seu dia como você deseja.

....
....
....
....
....

Suspire,
Relaxe e escreva.

Dia cento e trinta e sete

O amor precisa ser sentido para poder ser vivido. Essa é a melhor explosão entre duas almas que precisam estar juntas, toda espera faz valer a pena.

137. Escreva seu dia como você deseja.

....
....
....
....
....

Suspire,
Relaxe e escreva.

Dia cento e trinta e oito

Você pode não ser o amor da vida do outro, entenda que será o amor da vida de quem lhe ama. Ame quem lhe ama, esse detalhe ensina sobre amar quem ama você. Aquele que tira proveito do teu amor não serve para ser lembrando. Esqueça quem tem o propósito de apenas usar-te. Enxergue a vida com determinação e não rejeição.

138. Escreva seu dia como você deseja.

....
....
....
....
....

Suspire,
Relaxe e escreva.

Dia cento e trinta e nove

Não alimente seu ego, seja racional, você não é exceção, você é raridade.

Sim, você precisa ser bem tratada. Queira o teu bem. Encare suas decisões, sem mágoas, coloque sentido em sua vida. Liberte-se do que deixou, e pare de se culpar, você foi capaz de lutar, e tentou mudar. Mas mudanças precisam ser aceitas. Voe, sem baixar a cabeça.

139. Escreva seu dia como você deseja.

....
....

....
....
....

Suspire,
Relaxe e escreva.

Dia cento e quarenta

Fuja de pessoas que alimentam o ego, sempre decepcionam.

140. Escreva seu dia como você deseja.

....
....
....
....
....

Suspire,
Relaxe e escreva.

Dia cento e quarenta e um

Chegue, amor, você é bem-vindo. Pode ficar por um minuto, mas se é amor verdadeiro se estenda por 365 dias. E pode seguir para uma vida.

141. Escreva seu dia como você deseja.

....
....

....
....
....

Suspire,
Relaxe e escreva.

Dia cento e quarenta e dois

Cansou de esperar, e seguiu. Não parou de amar, foi em busca de alguém para amar na mesma proporção que ama.

142. Escreva seu dia como você deseja.

....
....
....
....
....

Suspire,
Relaxe e escreva.

Dia cento e quarenta e três

O dia está feliz! Você existe. Demorei algum tempo para entender sobre minha existência, minha capacidade de ser feliz, me querer bem. Se amar na solitude, se amar em qualquer quadrado, nem consigo acreditar que sou uma única pessoa. E sou assim, como demorei para me ver.

Nunca fiquei pensando o que escrever, escrevo por mim. Foi na escrita que encontrei um recomeço. Sabia que viriam críticas, pensei, tudo bem, meu novo eu está recheado de paz. Vai ser bom recomeçar, e o meu silêncio também vai poder escutar.

143. Escreva seu dia como você deseja.

....
....
....
....
....

Suspire,

Relaxe e escreva.

Dia cento e quarenta e quatro

Descobri que a vida é boa sem você. Estou em paz, estou vivendo. Incrivelmente conheci novas alegrias. Achei que era o fim, me surpreendi comigo mesma, nem me conheço de tão feliz que me encontro.

Não imaginava que esse recomeço me faria bem.

144. Escreva seu dia como você deseja.

....
....
....
....
....

Suspire,

Relaxe e escreva.

Dia cento e quarenta e cinco

Complete sua vida com amor. Doe amor em tudo que estiver presente em sua vida. Aprenda a ganhar amor. O amor precisa ser inteiro, não quero um amor em pedaços, não quero a metade, não quero retalhos, preciso de um amor completo, que me queira inteira, que me veja em amor, que seja amor.

145. Escreva seu dia como você deseja.

....
....
....
....
....

Suspire,
Relaxe e escreva.

Dia cento e quarenta e seis

A vida ganha sentido quando encontramos nosso verdadeiro propósito. Aprenda a crescer com cada processo. Use o passado como uma fonte de sabedoria; cuide de si, evolua e resplandeça. Acolha-se a cada amanhecer e enfrente as novas mudanças com confiança.

146. Escreva seu dia como você deseja.

....
....
....

....
....

Suspire,

Relaxe e escreva.

Dia cento e quarenta e sete

Quando a luta é para manter alguém em seu amor, não deveria haver batalha. O verdadeiro amor não se prende à força ou ao conflito, mas sim ao desejo sincero de ver a outra pessoa encontrar sua própria alegria e paz. Não se trata de vencer ou perder, mas de permitir que o outro siga seu caminho, se isso o faz feliz. Em vez de disputas, há um coração aberto que deseja, acima de tudo, o bem-estar daquele a quem se ama. Porque amar de verdade é querer que o outro floresça, mesmo que seja longe de você.

147. Escreva seu dia como você deseja.

....
....
....
....
....

Suspire,

Relaxe e escreva.

Dia cento e quarenta e oito

Abençoada pelas melhores transformações. Escreva uma história linda para sua vida. Mantenha-se firme nesse desafio que irá proporcionar para você.

148. Escreva seu dia como você deseja.

....
....
....
....
....

**Suspire,
Relaxe e escreva.**

Dia cento e quarenta e nove

Uma ideia, ser feliz. Abra a porta e deixe entrar a felicidade.
O desconhecido te enfraquece, não se assuste. Mover também é continuidade.

149. Escreva seu dia como você deseja.

....
....
....
....
....

**Suspire,
Relaxe e escreva.**

Dia cento e cinquenta

Vibre na mesma sintonia do universo. O universo gosta de você. Seja o ímã de ligação de tudo que deseja. Prospere energia.

150. Escreva seu dia como você deseja.

....
....
....
....
....

**Suspire,
Relaxe e escreva.**

Dia cento e cinquenta e um

Se aproxime do sorriso. Se aproxime de quem te apoia. Se aproxime de quem te encoraja. Se aproxime do abraço sincero. Se aproxime de pessoas de verdade. Se aproxime do apego gostoso. Se aproxime de palavras meigas. Se aproxime do gosto doce do mel. Se aproxime de tudo que tem perfume e nostalgia. Não perca a razão, se aproxime de tudo que for bom.

151. Escreva seu dia como você deseja.

....
....
....
....
....

**Suspire,
Relaxe e escreva.**

Dia cento e cinquenta e dois

Se falhar, não se culpe. Algumas dores são para se encontrar. Nem tudo que se aproxima de nós faz bem. Um dia precisei cair no fundo do posso para sentir o gosto amargo da decepção. Entrei bem no fundo. Não tinha forças para sair. Depois de um longo tempo, soube que sairia de lá somente com minhas forças. Sairia da mesma forma que entrei. A cada passo que dou me lembro desse momento, tive medo. Não quero voltar, sei que aqui é meu lugar.

152. Escreva seu dia como você deseja.

....
....
....
....
....

Suspire,
Relaxe e escreva.

Dia cento e cinquenta e três

Se anular por décadas é uma tentativa de salvar algo que vivemos juntos e para permanecermos juntos. Anulamos nossos sentimentos, nossos sonhos, vivemos em dor. E no final só resta tristeza. Não acabe nada em tristeza, procure o caminho para seu renascimento. Seja capaz de lutar por você, não espere demais. Você precisa ser capaz de se ver em primeiro lugar.

153. Escreva seu dia como você deseja.

....
....
....
....
....

Suspire,

Relaxe e escreva.

Dia cento e cinquenta e quatro

Preciso de um cafuné. Quero voltar a sonhar, não me ensine a desanimar. Vou seguir, mesmo se for em passos lentos.

154. Escreva seu dia como você deseja.

....
....
....
....
....

Suspire,

Relaxe e escreva.

Dia cento e cinquenta e cinco

Amor sincero, te quero bem, te quero por perto.

155. Escreva seu dia como você deseja.

....
....
....
....
....

Suspire,
Relaxe e escreva.

Dia cento e cinquenta e seis

Um minuto para viver intensamente. Sempre lembrando que você é sua inspiração. Não negocie suas mudanças. Ciclos passados foram vividos. Mantenha o presente na sua razão. Não desequilibre sua mente, comprometendo seus valores ou objetivos pessoais. Permaneça fiel a si mesmo durante períodos de transformação. O passado já foi vivido; foque no presente e no futuro, em vez de se prender ao que já passou. Viva no momento presente, usando a razão e a consciência para guiar as ações e decisões. Confie em si mesmo e mantenha o equilíbrio enquanto enfrenta os desafios da vida. Se autovalorize e aceite suas mudanças como parte natural do processo de crescimento e evolução pessoal.

156. Escreva seu dia como você deseja.

....
....
....
....
....

Suspire,
Relaxe e escreva.

Dia cento e cinquenta e sete

Você é capaz de seguir seus próprios passos, sem medo. Seja autêntica e fiel a si mesma, encoraje-se a abraçar sua individualidade e reconhecer sua própria força interior. Seja uma pessoa capaz de enfrentar desafios e avançar em sua jornada sem deixar que o medo a impeça de agir. Abrace sua singularidade, acredite em sua própria capacidade de seguir em frente com confiança e determinação. Seja poderosa, encorajada no autoempoderamento.

157. Escreva seu dia como você deseja.

....
....
....
....
....

Suspire,
Relaxe e escreva.

Dia cento e cinquenta e oito

Encare seus desafios, pare de negatividade. Deixe prosperar sua vida. Liberte-se de suas crenças.

158. Escreva seu dia como você deseja.

....
....

....
....
....

Suspire,
Relaxe e escreva.

Dia cento e cinquenta e nove

O ano é todo seu. Aproveite! Faça boas escolhas. Tudo é uma busca, então você precisa se armar e correr, buscar o que te pertence.

159. Escreva seu dia como você deseja.

....
....
....
....
....

Suspire,
Relaxe e escreva.

Dia cento e sessenta

Respeite sempre quem te ama, em todos os momentos. Aceite e respeite conselhos de pessoas verdadeiras.

160. Escreva seu dia como você deseja.

....
....

....
....
....

Suspire,

Relaxe e escreva.

Dia cento e sessenta e um

Amor sincero, te quero bem, te quero por perto.

161. Escreva seu dia como você deseja.

....
....
....
....
....

Suspire,

Relaxe e escreva.

Dia cento e sessenta e dois

O amor está chegando, sinta o vento no seu caminho. O amor está te querendo, abra seu coração. Deixe entrar, está na hora de experimentar.

162. Escreva seu dia como você deseja.

....
....

....
....
....

Suspire,
Relaxe e escreva.

Dia cento e sessenta e três

É bom ser feliz, fique longe de quem lhe desanima. Crie o hábito diário de se amar. Você deve fazer boas escolhas.

163. Escreva seu dia como você deseja.

....
....
....
....
....

Suspire,
Relaxe e escreva.

Dia cento e sessenta e quatro

Veja no mundo alegria, com admiração. Aprenda a agradecer por aquilo que já conquistou. O mundo também vê luz no seu olhar.

164. Escreva seu dia como você deseja.

....
....

....
....
....

Suspire,
Relaxe e escreva.

Dia cento e sessenta e cinco

A cor da vida é a cor da nossa razão, do nosso respeito.

165. Escreva seu dia como você deseja.

....
....
....
....
....

Suspire,
Relaxe e escreva.

Dia cento e sessenta e seis

Todo dia existe um recomeçar, com um detalhe para corrigir. Todo dia é dia de se reinventar, tornar uma pessoa feliz. Busque um jardim com rosas, ou um jardim para plantar. Ter essa capacidade de escolher onde você quer estar ou recomeçar é algo mágico, cuide da habilidade de abençoar sua vida e suas escolhas. Todo dia é dia de plantar rosas.

166. Escreva seu dia como você deseja.

....
....
....
....
....

Suspire,

Relaxe e escreva.

Dia cento e sessenta e sete

O mar, o sol, o vento, a vida, pessoas, entre todos está você. Se acolha, esses momentos são sagrados.

167. Escreva seu dia como você deseja.

....
....
....
....
....

Suspire,

Relaxe e escreva.

Dia cento e sessenta e oito

Erga a cabeça, e se ame. Quem não lhe ama não deve estar em seu pensamento. Chega de ocupar tempo com quem não merece.

168. Escreva seu dia como você deseja.

....
....
....
....
....

Suspire,

Relaxe e escreva.

Dia cento e sessenta e nove

O ego destrói o homem, termina com sua vida. Não queira ser superior a ninguém. Quando perceber não terá ninguém de valor ao seu lado, apenas os sugadores. Então quem estiver com você não lhe ama, apenas suporta. Sim, assim mesmo.

169. Escreva seu dia como você deseja.

....
....
....
....
....

Suspire,

Relaxe e escreva.

Dia cento e setenta

Sem amor não existe vida, não existem momentos, não existe história para contar. Defina sua história de amor para contar. Aconchego, carinho não se pede, se recebe. Atravesse seu eu, se precisar fique um tempo em silêncio, longe de barulho. Encontre o amor, se descubra em seu repouso.

170. Escreva seu dia como você deseja.

....
....
....
....
....

Suspire,

Relaxe e escreva.

Dia cento e setenta e um

Segundos para ser você. A vida me fez entender por que era preciso esperar. Entendi que o momento é meu, e não dos outros. Entendi que não precisa apressar nenhum passo. Que o que preciso viver vou passar. Ciclos começam. Ciclos encerram. Mas tudo no momento leve e certo. Com fúria, irritação, mágoas, não somos capazes de decidir entre o certo e o errado. É preciso viver cada ciclo, os momentos como precisam ser. Não altere sua vida por decisões precipitas pela ansiedade. Tudo chega no momento certo. A vida é calma quando a tempestade passa, e tudo volta ao normal.

171. Escreva seu dia como você deseja.

....
....
....

....
....

Suspire,
Relaxe e escreva.

Dia cento e setenta e dois

Goste de sua companhia. Goste de quem gosta de você. Goste do silêncio de encontrar-se com você.

Defina não procrastinar, busque seguir um propósito que te ensina a ser capaz de seguir seu caminho, sem esperar compaixão do outro.

Não se compare, aproveite seu tempo com energias boas, viva com intensidade e faça seu dia diferente.

172. Escreva seu dia como você deseja.

....
....
....
....
....

Suspire,
Relaxe e escreva.

Dia cento e setenta e três

Preocupe-se com você. Transforme sua vida. Tenha amor pelo seu corpo, pelo seu sentimento, pela sua vida. Você existe, valorize-se.

173. Escreva seu dia como você deseja.

....
....
....
....
....

Suspire,

Relaxe e escreva.

Dia cento e setenta e quatro

Esteja em silêncio quando for realizar seus maiores sonhos. Construa seus projetos para você, e tudo será transformado em grandes emoções, grandes vitórias.

174. Escreva seu dia como você deseja.

....
....
....
....
....

Suspire,

Relaxe e escreva.

Dia cento e setenta e cinco

A vida é feita de escolhas, reinvente-se, amadureça, expresse seus sentimentos. Encontre o verdadeiro amor em você.

175. Escreva seu dia como você deseja.

....
....
....
....
....

Suspire,

Relaxe e escreva.

Dia cento e setenta e seis

De amor a sua prioridade. Você. Seja a melhor escolha, a melhor decisão de sua vida. Se amar, compreender suas passagens. Você sempre será a melhor escolha.

176. Escreva seu dia como você deseja.

....
....
....
....
....

Suspire,

Relaxe e escreva.

Dia cento e setenta e sete

Complete sua vida com amor. Doe amor em tudo que estiver presente em sua vida.

177. Escreva seu dia como você deseja.

....
....
....
....
....

Suspire,

Relaxe e escreva.

Dia cento e setenta e oito

    Um minuto para viver intensamente. Crer que tudo está pronto. Que o universo está aguardando seu pedido. O universo quer retribuir com tudo que sua mente pede. Se aprove e peça boas energias. Aflore a mulher madura que está dentro de você.

178. Escreva seu dia como você deseja.

....
....
....
....
....

Suspire,

Relaxe e escreva.

Dia cento e setenta e nove

    Amor, amor. Saiba que te quero bem, onde estiver te quero bem.

179. Escreva seu dia como você deseja.

....
....
....
....
....

Suspire,

Relaxe e escreva.

Dia cento e oitenta

Quando for fazer o bem, não pense duas vezes, o bem sempre dá frutos. Seja autêntica,

Quando você for humilhada, siga.

Siga sua vida, nada de rebates.

Seguir é teu privilégio, o melhor está por vir.

Priorize PAZ.

180. Escreva seu dia como você deseja.

....
....
....
....
....

Suspire,

Relaxe e escreva.

Dia cento e oitenta e um

Descubra o amor em você, e nenhum dia mais em sua vida se sentirá só. A imensidão do amor-próprio é inigualável. A paz existe, é verdadeira.

181. Escreva seu dia como você deseja.

....
....
....
....
....

**Suspire,
Relaxe e escreva.**

Dia cento e oitenta e dois

Para sempre vou te amar, desejei amor e você me deu escuridão. Agora vivo a vida em busca de luz.

182. Escreva seu dia como você deseja.

....
....
....
....
....

**Suspire,
Relaxe e escreva.**

Dia cento e oitenta e três

Faça a diferença, não crie expectativas, crie história. Viva o melhor, fazendo o melhor. Você brilha quando está fazendo o bem para você.

183. Escreva seu dia como você deseja.

....
....
....
....
....

**Suspire,
Relaxe e escreva.**

Dia cento e oitenta e quatro

Entre idas e vindas, lembre-se das ondas do mar, tudo vai e vem. O bem que se faz sempre retorna.

184. Escreva seu dia como você deseja.

....
....
....
....
....

**Suspire,
Relaxe e escreva.**

Dia cento e oitenta e cinco

Creia que o melhor está por vir. Agradeça a alegria do hoje. Você é os olhos de sua aprovação.

185. Escreva seu dia como você deseja.

....
....
....
....
....

Suspire,
Relaxe e escreva.

Dia cento e oitenta e seis

Eu sinto muito, acabou. Acabaram as coisas mais lindas que sentia por você, resolvi cuidar da nova prioridade em minha vida, EU. E nem sabia que iria gostar tanto, acabei me apaixonando.

186. Escreva seu dia como você deseja.

....
....
....
....
....

Suspire,
Relaxe e escreva.

Dia cento e oitenta e sete

É bom que você saiba que sinto sua falta. Te quero bem, onde estiver, quero teu bem.

Seja luz, seja essência, seja você, sem validações. Confie em você.

187. Escreva seu dia como você deseja.

....
....
....
....
....

Suspire,

Relaxe e escreva.

Dia cento e oitenta e oito

Com a maturidade você aprende a interpretar o seu valor. Se aceite.

Seja uma pessoa forte, não uma pessoa agressiva. Gentileza combina demais, não precisa de roupa chique, palavras bonitas, carro do ano etc. Gentileza combina com tudo, mas com respeito fica perfeito.

188. Escreva seu dia como você deseja.

....
....
....
....
....

Suspire,
Relaxe e escreva.

Dia cento e oitenta e nove

O amor, sim, é o verdadeiro acolhimento que você merece. Comece por se amar, reconhecendo o seu próprio valor e a sua singularidade. Não permita que ninguém lhe ofereça menos do que isso, pois você merece ser tratado com respeito, carinho e admiração, tanto por si mesmo quanto pelos outros ao seu redor.

189. Escreva seu dia como você deseja.

....
....
....
....
....

Suspire,
Relaxe e escreva.

Dia cento e noventa

Jamais se aborreça pelos murmúrios de você. Lembre-se, isso não é sua preocupação.

190. Escreva seu dia como você deseja.

....
....

....
....
....

Suspire,

Relaxe e escreva.

Dia cento e noventa e um

Com a maturidade você aprende a interpretar o seu valor. Se aceite.

191. Escreva seu dia como você deseja.

....
....
....
....

Suspire,

Relaxe e escreva.

Dia cento e noventa e dois

Onde quer que você esteja, viva cada momento de forma incrível. O passado não pode ser mudado, então concentre-se em fazer o melhor por si mesmo no presente. Valorize cada experiência e oportunidade, pois são elas que moldam o seu caminho em direção a um futuro brilhante.

192. Escreva seu dia como você deseja.

....
....
....
....

**Suspire,
Relaxe e escreva.**

Dia cento e noventa e dois

Veja alegria em seu olhar. Transforme a sua mentalidade. Cultive pensamentos positivos e alimente-se de amor incondicional. Permita que a alegria brilhe em seu olhar, refletindo a beleza e a plenitude que há dentro de você.

193. Escreva seu dia como você deseja.

....
....
....
....

**Suspire,
Relaxe e escreva.**

Dia cento e noventa e três

Se oportunize, supere suas crises, seja capaz de ter amor-próprio. E sua vida passará a ter sentido. Medite sobre sua vida. Tire tensões de sua vida. Foque em sensações agradáveis.

194. Escreva seu dia como você deseja.

....
....
....
....
....

Suspire,
Relaxe e escreva.

Dia cento e noventa e cinco

Chega de lamentações. Você acaba afastando quem gostaria de estar com você. Se elogie, se ame, aprenda, leia, sorria mais, e sua vida entrará no ritmo de evolução. E tenha certeza de que ninguém se afastará de você, pelo contrário, vão querer estar ao seu lado.

195. Escreva seu dia como você deseja.

....
....
....
....
....

Suspire,
Relaxe e escreva.

Dia cento e noventa e seis

Tire ilusões de sua mente, enfrente a verdade. Basta de viver mentiras, seja o par. Se é para não ser inteiro, siga.

196. Escreva seu dia como você deseja.

....
....
....
....
....

Suspire,
Relaxe e escreva.

Dia cento e noventa e sete

Os detalhes, os simples detalhes. Os detalhes mais delicados são evidentes para o início do amor. Aquele que é capaz de se encantar com um sorriso, com um olhar, permanece encantado com o cantar dos pássaros. É feliz na vida, na cidade, na roça, na roda gigante, e simplesmente faz alguém feliz em qualquer lugar.

197. Escreva seu dia como você deseja.

....
....

....
....
....

Suspire,

Relaxe e escreva.

Dia cento e noventa e oito

Nossa vida é uma dádiva. Simples assim. Pense. Não cometa o erro de voltar ao erro, aquele erro que você sabe que não te serve mais.

198. Escreva seu dia como você deseja.

....
....
....
....

Suspire,

Relaxe e escreva.

Dia cento e noventa e nove

Faça alguém feliz, dê amor. Não perca os sabores simples da vida. Não perca a simplicidade da vida.

199. Escreva seu dia como você deseja.

....
....

....
....
....

Suspire,

Relaxe e escreva.

Dia duzentos

Não espere nada do outro, apenas faça o bem. Nem sempre o outro reage como você gostaria, mas continue fazendo o seu melhor. O bem está em você.

Então, enfim, entendi a minha cumplicidade com a felicidade.

200. Escreva seu dia como você deseja.

....
....
....
....
....

Suspire,

Relaxe e escreva.

III.

DIAS DE SUPERAÇÃO

Dia duzentos e um

Se conquiste, se dedique a você. Seja incrível a você. Tudo acontece naturalmente, deixe fluir sua vida.

201. Escreva seu dia como você deseja.

....
....
....
....
....

Suspire,
Relaxe e escreva.

Dia duzentos e dois

Contemple sua vida, nunca pense em desistir, nem por um segundo. Sua vida é sagrada, cuida bem dela.

202. Escreva seu dia como você deseja.

....
....

....
....
....

Suspire,

Relaxe e escreva.

Dia duzentos e três

É hora de relaxar um pouco, comece o dia orando. E finalize agradecendo.

203. Escreva seu dia como você deseja.

....
....
....
....
....

Suspire,

Relaxe e escreva.

Dia duzentos e quatro

Semeie coisa boas. Mesmo quando alguém lhe fizer mal, continue semeando o bem.

204. Escreva seu dia como você deseja.

....
....

....
....
....

Suspire,

Relaxe e escreva.

Dia duzentos e cinco

Inspire-se em você, para curar sua dor. Se orgulhe de você, comece agora.

205. Escreva seu dia como você deseja.

....
....
....
....
....

Suspire,

Relaxe e escreva.

Dia duzentos e seis

Nunca foi sobre quem deixa o vazio em sua vida, e sim quem preenche o vazio. A vida é essa magia, escolha pessoas boas para estar ao seu lado.

206. Escreva seu dia como você deseja.

....
....
....
....
....

Suspire,
Relaxe e escreva.

Dia duzentos e sete

Perceba em você a sua maior força para encarar os desafios de sua vida. Você é a pessoa mais forte do mundo.

207. Escreva seu dia como você deseja.

....
....
....
....
....

Suspire,
Relaxe e escreva.

Dia duzentos e oito

Frequência de luz chegando em seu caminho, deixe entrar.

208. Escreva seu dia como você deseja.

....
....
....
....
....

Suspire,
Relaxe e escreva.

Dia duzentos e nove

Aceite o fim, para viver o melhor, para viver o recomeço. Não protele para tudo se transformar em espetacular.

209. Escreva seu dia como você deseja.

....
....
....
....
....

Suspire,
Relaxe e escreva.

Dia duzentos e dez

Um minuto no silêncio. Seu espírito precisa lembrar você de nunca perder o amor pela simplicidade da vida.

210. Escreva seu dia como você deseja.

....
....
....
....
....

Suspire,

Relaxe e escreva.

Dia duzentos e onze

Seja você na sua essência. Sem cópias. Não se rotule. Você não é insignificante. O que é importante para você pode não ser importante para o outro, isso não é motivo para desistir.

211. Escreva seu dia como você deseja.

....
....
....
....
....

Suspire,

Relaxe e escreva.

Dia duzentos e doze

Aprenda a comandar sua vida, seus passos. Aprenda a respeitar sua liberdade. Não desperdice sua paz.

212. Escreva seu dia como você deseja.

....
....
....
....
....

Suspire,

Relaxe e escreva.

Dia duzentos e treze

    Pise firme, mude seu sentimento, coloque um sorriso no rosto, e siga na direção do seu coração. Escolha viver.

213. Escreva seu dia como você deseja.

....
....
....
....
....

Suspire,

Relaxe e escreva.

Dia duzentos e quatorze

    Nossa vida não tem rascunhos, siga firme, faça a melhor escolha. Não seja segunda opção de quem quer que seja.

214. Escreva seu dia como você deseja.

....
....
....
....
....

Suspire,

Relaxe e escreva.

Dia duzentos e quinze

Se apaixone pela paz que a sua vida merece. Você é o sol que brilha, deixe tudo acontecer naturalmente, não force amor. Viva o amor.

215. Escreva seu dia como você deseja.

....
....
....
....
....

Suspire,

Relaxe e escreva.

Dia duzentos e dezesseis

Amor, amor, saudades do amor. Saiba que te desejo o melhor, onde quer que esteja, desejo-lhe bem.

216. Escreva seu dia como você deseja.

....
....
....
....
....

**Suspire,
Relaxe e escreva.**

Dia duzentos e dezessete

Não perca tempo criando expectativas. Olhe para si mesmo. Esteja próximo de quem o valoriza e desfrute o melhor com pessoas que genuinamente se importam com você. Não busque atenção onde precisa implorar por migalhas de afeto. Aprenda a valorizar seus sentimentos e invista tempo em si mesmo.

217. Escreva seu dia como você deseja.

....
....
....
....
....

**Suspire,
Relaxe e escreva.**

Dia duzentos e dezoito

Entre na vida de quem te recebe bem, todos os dias. Não se sinta insuficiente, você é gigante o suficiente. Esse alguém não lhe merece.

218. Escreva seu dia como você deseja.

....
....
....
....
....

Suspire,
Relaxe e escreva.

Dia duzentos e dezenove

Quando tudo parecer escasso, não aceite qualquer coisa. Calma, no momento certo tudo se resolve. Encontre alguém para te amar, aceitar, e não para suprir aparências.

219. Escreva seu dia como você deseja.

....
....
....
....
....

Suspire,
Relaxe e escreva.

Dia duzentos e vinte

Decida ser feliz. Você tem a dádiva de escolher não se acovardar.

220. Escreva seu dia como você deseja.

....
....
....
....
....

Suspire,

Relaxe e escreva.

Dia duzentos e vinte e um

Como entender o ser humano, quando está munido de tanta mentira? Silencie. Se afaste. Compreenda a dificuldade de compreender as ações e motivações das pessoas quando elas estão envolvidas em muitas mentiras. Reflita sobre o sentimento de frustração ou perplexidade diante da falta de honestidade. Não se envolva em discussões ou confrontos desnecessários sobre as mentiras; afaste-se das pessoas ou situações que promovem desonestidade ou falta de integridade. A melhor opção é simplesmente se retirar e se distanciar das situações tóxicas.

221. Escreva seu dia como você deseja.

....
....
....
....
....

Suspire,

Relaxe e escreva.

Dia duzentos e vinte e dois

Acalme sua alma. Sem frustrações, seu coração precisa de paz. Sem sabotar o caminho dos outros.

222. Escreva seu dia como você deseja.

....
....
....
....
....

Suspire,
Relaxe e escreva.

Dia duzentos e vinte e três

Ingratidão não cabe em sua vida. Seja resiliente com o outro. Essa é a lição.

223. Escreva seu dia como você deseja.

....
....
....
....
....

Suspire,
Relaxe e escreva.

Dia duzentos e vinte e quatro

Meu coração quer viver. Aprenda todo dia a se olhar no espelho e amar, amar e amar o que vê. Seu coração precisa e deseja viver plenamente e uma parte importante desse processo é praticar o amor-próprio diariamente. A instrução de se olhar no espelho e amar o que se vê reforça a ideia de aceitação pessoal e valorização da própria imagem e identidade. Então, se encoraje a cultivar um relacionamento positivo e compassivo consigo mesmo.

224. Escreva seu dia como você deseja.

....
....
....
....
....

**Suspire,
Relaxe e escreva.**

Dia duzentos e vinte e cinco

Acalme-se, coisas boas estão chegando. A felicidade acabou de escolher você.

225. Escreva seu dia como você deseja.

....
....
....

....
....

Suspire,
Relaxe e escreva.

Dia duzentos e vinte e seis

Amar, a grande decisão. Ame-se. Depois constitua a união que nutre o verdadeiro amor. Amor é calmaria, não confunda o verdadeiro amor com indecisões.

226. Escreva seu dia como você deseja.

....
....
....
....
....

Suspire,
Relaxe e escreva.

Dia duzentos e vinte e sete

Nunca cobre afeto, afeto deve ser recebido. Não se sujeite a isso. Você é capaz de se dar afeto.

227. Escreva seu dia como você deseja.

....
....

....
....
....

Suspire,

Relaxe e escreva.

Dia duzentos e vinte e oito

Um brinde ao desejo, um brinde às pessoas boas. Viva sua sintonia. Faça sua melhor estreia. Você é o talento de sua vida. Faça valer a pena cada minuto.

228. Escreva seu dia como você deseja.

....
....
....
....
....

Suspire,

Relaxe e escreva.

Dia duzentos e vinte e nove

Faça o seu melhor hoje, no espaço que você está. Não fique aguardado para ser melhor o dia que estiver melhor de vida. Faça agora, esse é o momento.

Um botão. Uma largada. Sua hora. Sem castigos, pare de se culpar. As coisas podem ser simples, deixe tudo se transformar.

229. Escreva seu dia como você deseja.

....
....
....
....
....

Suspire,
Relaxe e escreva.

Dia duzentos e trinta

A vida passa rapidinho, vamos aproveitar o melhor que ela oferece. Esse momento é encantador, aprender a valorizar as pessoas que estão ao seu lado, e não as julgar.

230. Escreva seu dia como você deseja.

....
....
....
....
....

Suspire,
Relaxe e escreva.

Dia duzentos e trinta e um

O desamor é dor, lhe faz sofrer. O amor é a pureza, que nos ensina a viver e ser feliz. Amor é a delicadeza, sem picos de rumores.

231. Escreva seu dia como você deseja.

....
....
....
....
....

Suspire,

Relaxe e escreva.

Dia duzentos e trinta e dois

    Sinta o amor-próprio retornando ao seu olhar. Sinta o brilho chegando no seu caminho. Perca o que não é teu, o que apenas achou que fosse, esqueça opiniões que não lhe pertencem. Afaste-se de gente maldosa. Se distraia em você.

232. Escreva seu dia como você deseja.

....
....
....
....
....

Suspire,

Relaxe e escreva.

Dia duzentos e trinta e três

    Vamos rir, de tanto viver. Aprenda a viver na melhor companhia, você. E em consequência se encontrar alguém bom, aproveitem juntos.

233. Escreva seu dia como você deseja.

....
....
....
....
....

Suspire,

Relaxe e escreva.

Dia duzentos e trinta e quatro

Que doce esse eu te amo. Amo também.

234. Escreva seu dia como você deseja.

....
....
....
....
....

Suspire,

Relaxe e escreva.

Dia duzentos e trinta e cinco

Descubra um amor sincero. Descubra um eu te amo. A vida é boa, quando se descobre como é bom amar, como é perfeito se ter reciprocidade.

235. Escreva seu dia como você deseja.

....
....
....
....
....

Suspire,
Relaxe e escreva.

Dia duzentos e trinta e seis

Cheguei para acolher o meu amor.

236. Escreva seu dia como você deseja.

....
....
....
....
....

Suspire,
Relaxe e escreva.

Dia duzentos e trinta e sete

Recomece um capítulo novo em sua vida. Lembre-se que o respeito deve caber nesse novo capítulo, cheio de emoção e elegância. Elegância não tem nada a ver com ostentação, ou bens materiais, e sim com respeito.

237. Escreva seu dia como você deseja.

:::
:::
:::
:::
:::

**Suspire,
Relaxe e escreva.**

Dia duzentos e trinta e oito

O melhor lugar do mundo é onde você está, onde você vive suas emoções, dá suas gargalhadas, conta suas piadas, vive seu amor etc.

Esse é o melhor lugar do mundo, onde estão seus contos e reencontros, essa história é sua, essa vida é sua.

Então aproveite, viva na plenitude, se encante e conte seus cantos, aproveite, literalmente aproveite, e faça seus sonhos reais.

238. Escreva seu dia como você deseja.

:::
:::
:::
:::
:::

**Suspire,
Relaxe e escreva.**

Dia duzentos e trinta e nove

Sim. Ela está feliz, está alcançando seus objetivos, não chora mais. Ela é mulher, feminina. Sim. Gosta de Deus, e da vida. Sim, ela entendeu que pode alcançar tudo que deseja, não quer viver desamores, quer ser feliz e sorrir.

239. Escreva seu dia como você deseja.

....
....
....
....

Suspire,
Relaxe e escreva.

Dia duzentos e quarenta

Um dia alguém disse que a amava. Ela acreditou. Disse que iria amá-la para sempre. Ela acreditou. Mas ele disse o mesmo para outras também. No final, ela disse: "Continue fazendo o mal; você preenche sua vida com isso. Não quero contribuir para isso; não faço parte disso." Ele então entendeu e foi viver com alguém que aceitava conviver com tanta maldade e viver com migalhas afetivas.

240. Escreva seu dia como você deseja.

....
....

....
....
....

Suspire,
Relaxe e escreva.

Dia duzentos e quarenta e um

     Entenda que você não pode colocar sua felicidade nas mãos de outra pessoa. Sua felicidade é sua; se a colocar nas mãos de outra pessoa, a ferida será grande, a dor será insuportável, e não terá fração de dores, será apenas sua. Entenda que sua felicidade deve estar sob seu comando e não ser dependente de outra pessoa. Cultive a própria felicidade internamente e não a atribua à influência ou ao comportamento de outras pessoas, tenha autonomia emocional e autorrespeito.

241. Escreva seu dia como você deseja.

....
....
....
....
....

Suspire,
Relaxe e escreva.

Dia duzentos e quarenta e dois

     O sentimento de felicidade nasce de dentro de você, é seu. Unicamente seu.
     Admire cada conquista. Vibre sua emoção.

242. Escreva seu dia como você deseja.

....
....
....
....
....

Suspire,

Relaxe e escreva.

Dia duzentos e quarenta e três

Mantenha sua vida única, intransferível, digna de você. Faça a sua moda, o seu desfile, acredite em você. Tudo sempre é sobre você, não abdique de sua vida por outras pessoas.

243. Escreva seu dia como você deseja.

....
....
....
....
....

Suspire,

Relaxe e escreva.

Dia duzentos e quarenta e quatro

A pessoa certa, quem é? Ela existe? A pessoa certa é você, que se faz feliz. Viva feliz com você. E encontre alguém que lhe ama intensamente, da maneira que os dois desejam.

Seja você a razão do seu viver.

244. Escreva seu dia como você deseja.

....
....
....
....
....

Suspire,
Relaxe e escreva.

Dia duzentos e quarenta e cinco

Seja a pessoa que faz o dia sorrir. Seja a pessoa que ilumina o caminho de muita gente.

245. Escreva seu dia como você deseja.

....
....
....
....
....

Suspire,
Relaxe e escreva.

Dia duzentos e quarenta e seis

Valorize seus princípios, seus valores, seu início. Aonde quiser chegar, saiba que primeiramente vem a simplicidade. Pessoa simples é exatamente quem se quer por perto sempre. A arrogância leva o ser humano à sua destruição, junto ao seu ego.

246. Escreva seu dia como você deseja.

....
....
....
....
....

Suspire,
Relaxe e escreva.

Dia duzentos e quarenta e sete

Todo dia viva o amor na sua intensidade. Essa conexão é surreal. O olhar é um sentimento eterno. O coração bate forte toda vez que sente perto o amor no ar.

247. Escreva seu dia como você deseja.

....
....
....
....
....

Suspire,
Relaxe e escreva.

Dia duzentos e quarenta e oito

O mal sempre está por perto. Cuide para ficar longe. E não seja corrompido por ele, fique longe de quem gosta da maldade. Viva com pensamentos bons, e com seus anjos lhe protegendo. Ore, nunca pare de orar.

248. Escreva seu dia como você deseja.

Suspire,
Relaxe e escreva.

Dia duzentos e quarenta e nove

Não se apegue a bens materiais, se apegue à vida, às coisas boas da vida, a Deus, à família. Deus poderoso me conduza ao teu lado, me conduza ao melhor caminho. Quero te ter ao meu lado, e no meu coração. Quero ser parte de você, nunca mais quero largar minha mão de você.

249. Escreva seu dia como você deseja.

....
....

Suspire,
Relaxe e escreva.

Dia duzentos e cinquenta

Gente arrogante não suporta que outra pessoa se destaque mais que ela, gente arrogante humilha, inveja. Tem o coração ruim. E só o que faz é humilhar. Pessoa arrogante pensa que se destaca; pelo contrário, é detestável. E logo sua soberba lhe tira do trono imaginário que vive. Pessoa arrogante sempre tem medo, já que é sombra ao redor de pessoa iluminada.

250. Escreva seu dia como você deseja.

....
....
....
....
....

Suspire,
Relaxe e escreva.

Dia duzentos e cinquenta e um

Coisas boas são boas para sempre. Não deixe nada afundar seus sonhos. Não deixe nada afundar sua vida. Lembre-se de sua mãe, do amor. Amor de mãe é verdadeiro, e sempre quando ficar triste, saiba que sua mãe muitas vezes ficou com medo, mas lutou em todas as embarcações.

251. Escreva seu dia como você deseja.

....
....
....
....
....

Suspire,

Relaxe e escreva.

Dia duzentos e cinquenta e dois

Quando sentir-se só, leia livros. Quando sentir-se só, escreva. Quando sentir-se só, cante. Quando sentir-se só, dance. Quando sentir-se só, reze. Deus está em todos os momentos perto de nós.

252. Escreva seu dia como você deseja.

....
....
....
....
....

Suspire,

Relaxe e escreva.

Dia duzentos e cinquenta e três

Você não precisa ter medo de perder ninguém, saiba que você também é uma grande perda. Aprenda que você tem valor.

253. Escreva seu dia como você deseja.

....
....
....
....
....

Suspire,
Relaxe e escreva.

Dia duzentos e cinquenta e quatro

A lealdade tem um preço muito alto. Só pessoas de valor sabem dessa importância. Não espere lealdade de gente arrogante.

254. Escreva seu dia como você deseja.

....
....
....
....
....

Suspire,
Relaxe e escreva.

Dia duzentos e cinquenta e cinco

Tudo passa. O tempo traz bons ares e coisas boas acontecem.

Somos nós que temos a capacidade de fazer o dia de uma pessoa melhor, um dia bom ou um dia ruim. Faça então um dia alegre, um dia feliz.

255. Escreva seu dia como você deseja.

....
....
....
....
....

Suspire,

Relaxe e escreva.

Dia duzentos e cinquenta e seis

Um minuto no silêncio, seu espírito precisa. Para lembrar você de nunca perder o seu amor-próprio.

256. Escreva seu dia como você deseja.

....
....
....
....
....

Suspire,

Relaxe e escreva.

Dia duzentos e cinquenta e sete

Encoraje seus sonhos. Sempre é tempo de recomeçar.

257. Escreva seu dia como você deseja.

....
....
....
....
....

Suspire,
Relaxe e escreva.

Dia duzentos e cinquenta e oito

Se precisar mudar, reinvente-se. Seja paciente. Mude o caminho, mude o pisar, mude a cor do cabelo, mude a música, mude o filme, mude suas escolhas.

258. Escreva seu dia como você deseja.

....
....
....
....
....

Suspire,
Relaxe e escreva.

Dia duzentos e cinquenta e nove

Jamais implore amor de ninguém. Quem deseja estar com você se preocupa, se interessa nos detalhes. Aprenda a se desejar e amar-te.

259. Escreva seu dia como você deseja.

....
....
....
....
....

Suspire,

Relaxe e escreva.

Dia duzentos e sessenta

Pare de alimentar pensamentos negativos. Você precisa curar-te, de verdade.

260. Escreva seu dia como você deseja.

....
....
....
....
....

Suspire,

Relaxe e escreva.

Dia duzentos e sessenta e um

Deixe o amor fazer parte de sua vida. Tire a muralha que está em sua mente. Confie na sua lealdade, e na lealdade de quem você ama.

261. Escreva seu dia como você deseja.

....
....
....
....
....

Suspire,
Relaxe e escreva.

Dia duzentos e sessenta e dois

Não dependa de outra pessoa para a sua felicidade. A sua felicidade deve permanecer sob o seu comando. Mantenha a direção firme, não se distraia.

262. Escreva seu dia como você deseja.

....
....
....
....
....

Suspire,
Relaxe e escreva.

Dia duzentos e sessenta e três

Ocupe sua mente com pessoas boas, não fique pensando tanto tempo em pessoas que não te consideram. Depois de um certo tempo você deve decidir amar quem te ama, estar perto de pessoas que lhe proporcionam alegria. Quem tumultua sua mente enfraquece seu coração, magoa sua vida, explora sua bondade, lhe humilha, não merece estar em seu pensamento. Não demore uma vida toda para compreender isso. Compreenda agora, por mais difícil que pareça, você precisa recomeçar.

263. Escreva seu dia como você deseja.

....
....
....
....
....

Suspire,
Relaxe e escreva.

Dia duzentos e sessenta e quatro

Bendito é o momento que você entende que aquele lugar não lhe pertence. Encontre-se.

264. Escreva seu dia como você deseja.

....
....

....
....
....

Suspire,
Relaxe e escreva.

Dia duzentos e sessenta e cinco

Viva intensamente o maior luxo de sua vida, estar ao lado de pessoas que te querem bem.

265. Escreva seu dia como você deseja.

....
....
....
....
....

Suspire,
Relaxe e escreva.

Dia duzentos e sessenta e seis

Aprenda a ocupar um tempo com VOCÊ. Aprenda a se cuidar. Está na hora de você pequeno surpreender VOCÊ GIGANTE.

266. Escreva seu dia como você deseja.

....
....

_____
_____
_____

Suspire,
Relaxe e escreva.

Dia duzentos e sessenta e sete

    Seja suficiente para começar de novo. E não tenha medo de sentir falta de alguém, entenda que você é importante, e também faz falta.

267. Escreva seu dia como você deseja.

_____
_____
_____
_____
_____

Suspire,
Relaxe e escreva.

Dia duzentos e sessenta e oito

    Quando alguém te magoar, não faça nada. Não deseje nada. Esqueça a mediocridade humana. E viva.

268. Escreva seu dia como você deseja.

_____
_____

....
....
....

**Suspire,
Relaxe e escreva.**

Dia duzentos e sessenta e nove

Deixe o amor fazer parte de sua vida. Tire a muralha que está em sua mente. Confie na sua lealdade, e na lealdade de quem você ama.

269. Escreva seu dia como você deseja.

....
....
....
....
....

**Suspire,
Relaxe e escreva.**

Dia duzentos e setenta

Semeie coisas boas. Mesmo quando alguém lhe fizer mal, continue semeando o bem.

270. Escreva seu dia como você deseja.

....
....

....
....
....

Suspire,
Relaxe e escreva.

Dia duzentos e setenta e um

Nunca foi sobre quem deixa o vazio em sua vida, e sim quem preenche o vazio. A vida é essa magia, escolha sempre pessoas boas para estar ao seu lado.

271. Escreva seu dia como você deseja.

....
....
....
....
....

Suspire,
Relaxe e escreva.

Dia duzentos e setenta e dois

É hora de relaxar um pouco, comece o dia orando. E finalize agradecendo.

272. Escreva seu dia como você deseja.

....
....

....
....
....

Suspire,

Relaxe e escreva.

Dia duzentos e setenta e três

Um brinde ao desejo, um brinde às pessoas boas. Viva sua sintonia. Faça sua melhor estreia. Você é o talento de sua vida. Faça valer a pena cada minuto.

273. Escreva seu dia como você deseja.

....
....
....
....
....

Suspire,

Relaxe e escreva.

Dia duzentos e setenta e quatro

Contemple sua vida, nunca pense em desistir, nem por um segundo. Sua vida é sagrada, cuide bem dela.

274. Escreva seu dia como você deseja.

....
....

_____
_____
_____

Suspire,

Relaxe e escreva.

Dia duzentos e setenta e cinco

Enxergue-se pelo seu olhar. Você é forte, corajosa. Não tenha medo do recomeço.

275. Escreva seu dia como você deseja.

_____
_____
_____
_____
_____

Suspire,

Relaxe e escreva.

Dia duzentos e setenta e seis

O seu sim está chegando. Logo a porta certa abre, o sorriso certo chega, o amor renasce. A vida começa a dar certo. Sim, seu sim está te aguardando.

276. Escreva seu dia como você deseja.

....
....
....
....
....

Suspire,

Relaxe e escreva.

Dia duzentos e setenta e oito

Fique com alguém que te transborde em risos. Fique com alguém que te faça rir todo dia. Fique com alguém que seja seu refúgio. Fique longe de sombras, apenas encontre alguém que te veja como você é.

278. Escreva seu dia como você deseja.

....
....
....
....
....

Suspire,

Relaxe e escreva.

Dia duzentos e setenta e nove

Os dias com Deus são gloriosos. Não se diminua, não permita que a maldade entre na sua mente. Você é a única pessoa que tem poder sobre sua vida.

279. Escreva seu dia como você deseja.

....
....
....
....
....

Suspire,

Relaxe e escreva.

Dia duzentos e oitenta

Deus me proteja de todo mal, daquele que não consigo ver e daquele que não consigo ouvir.

280. Escreva seu dia como você deseja.

....
....
....
....
....

Suspire,

Relaxe e escreva.

Dia duzentos e oitenta e um

Você é o grande talento de sua vida. Seja capaz de evoluir a cada dia. Sem lágrimas e lamentações.

281. Escreva seu dia como você deseja.

....
....
....
....
....

Suspire,

Relaxe e escreva.

Dia duzentos e oitenta e dois

Encontre alguém que deixa a vida mais bonita, que te ache linda por dentro e fora. Que te ilumine, e ache graça até do teu erro mais tolo. Encontre alguém para compartilhar uma vida feliz.

282. Escreva seu dia como você deseja.

....
....
....
....
....

Suspire,

Relaxe e escreva.

Dia duzentos e oitenta e três

A dor não dura para sempre, ela nos ensina sobre sabedoria. Ensina sobre amor-próprio. Não se afogue na profundeza da depressão. A dor passa lentamente, acredite. O sol volta a brilhar.

283. Escreva seu dia como você deseja.

....
....
....
....
....

Suspire,
Relaxe e escreva.

Dia duzentos e oitenta e quatro

Deus é tão generoso que ensina você a perdoar até quem não fala bem de você. Nunca deixe um sonho para trás por medo do que pensam de você. Simplesmente continue seu rumo.

284. Escreva seu dia como você deseja.

....
....
....
....
....

Suspire,
Relaxe e escreva.

Dia duzentos e oitenta e cinco

Trate as pessoas como te tratam. E depois aprenda a tratar como gostaria que te tratassem. Veja a diferença, reciprocidade é tudo.

Ser rejeitada não é o fim. Saber conhecer quem te rejeitou é uma razão. Razão para entender, o significado do seu valor. Você não é pequena, não é incapaz, não é velha para recomeçar. Quem falou isso para você vive uma vida frustrada, até hoje está em busca de alguém para satisfazer seu ego. Não faça igual, você é infinitamente superior a isso.

285. Escreva seu dia como você deseja.

....
....
....
....
....

Suspire,
Relaxe e escreva.

Dia duzentos e oitenta e seis

A vida é incrivelmente abençoada, cada dia um novo caminho, e seguimos buscando a felicidade, sem perceber quantas graças já alcançamos e que somos felizes.

286. Escreva seu dia como você deseja.

....
....
....
....
....

Suspire,
Relaxe e escreva.

Dia duzentos e oitenta e sete

Agradeça a cada sorriso, a cada conversa jogada fora, a piada má contada, agradeça até pela olhada torta. A vida é uma dádiva, e somos infinitamente sortudos por estar fazendo parte dessa história.

287. Escreva seu dia como você deseja.

....
....
....
....
....

Suspire,
Relaxe e escreva.

Dia duzentos e oitenta e oito

Minha influência é boa, nunca deixe alguém de má influência entrar em sua vida e tentar manipular-te. Mantenha-se firme. Seus princípios são sua vida, seja consistente com suas ideias.

288. Escreva seu dia como você deseja.

....
....
....
....
....

Suspire,
Relaxe e escreva.

Dia duzentos e oitenta e nove

Lembro da minha infância, era uma vez um momento feliz. Era bom ser criança. Aquele sorriso de criança, aquele momento de ser criança, sou feliz.

O tempo passa rápido, não tem lógica ficar pensando em opiniões que não são construtivas, escolher sua roupa, o corte do seu cabelo, o sapato que vai calçar, seu gênero etc. Quando quiser ser diferente, naturalmente, você não está sendo taxativa, ou egocêntrica, você está sendo capaz de entender que essa é sua personalidade. Seu jeito ainda deve ser definido por você. Essa clareza é a qual deve perdurar em sua vida. Igual a um pêndulo do destino, que vibra com questões nas quais só você deve ser capaz de demarcar sua definição. O que não for construtivo não preenche a vida de ninguém.

289. Escreva seu dia como você deseja.

....
....
....
....
....

Suspire,
Relaxe e escreva.

Duzentos e noventa

Coloque regras em sua vida. Se comande. Sua mente precisa acreditar em você, dê coisas boas à sua mente, pare de se fantasiar. E passe a realizar seus sonhos.

290. Escreva seu dia como você deseja.

....
....
....
....
....

Suspire,
Relaxe e escreva.

Duzentos e noventa e um

Chega de se iludir, você é adulto. Se projete em algo maior. E comece a andar sem rodeios, chegou sua vez de seguir em frente. Sem tumulto, só seguir e somar forças para tomar comando e brilhar.

291. Escreva seu dia como você deseja.

....
....
....
....
....

Suspire,
Relaxe e escreva.

Dia duzentos e noventa e dois

Sim. Basta de besteiras na mente, é hora de virar o jogo. Nada de sentimentos pequenos e andar para trás. Você cresceu, prossiga.

292. Escreva seu dia como você deseja.

....
....
....
....
....

Suspire,
Relaxe e escreva.

Dia duzentos e noventa e três

Sim. Cheguei. Você também chega, nada de desanimar. É hora de continuar a batalha, o final está chegando, é momento de grandes emoções. Sozinha mesmo, é hora de brilhar.

293. Escreva seu dia como você deseja.

....
....
....

....
....

**Suspire,
Relaxe e escreva.**

Dia duzentos e noventa e quatro

Nem sempre o amor é recíproco?

Então não é amor. Não se iluda. Você não precisa de migalhas, aprenda a se conhecer, se querer bem com respeito. Seja essa mulher que luta em todas as ocasiões, que ama o bem querer. Que ama o amor inteiro, que é incrível, e rodeada de pessoas incríveis, que fazem os dias serem incríveis.

294. Escreva seu dia como você deseja.

....
....
....
....
....

**Suspire,
Relaxe e escreva.**

Dia duzentos e noventa e cinco

Não deixe ninguém te humilhar, te esnobar, te controlar. Não confunda com amor. Se ame, se cure.

295. Escreva seu dia como você deseja.

....
....
....
....
....

Suspire,
Relaxe e escreva.

Dia duzentos e noventa e seis

Seja bem resolvida com a vida. Sem vacilos, se encontre.

296. Escreva seu dia como você deseja.

....
....
....
....
....

Suspire,
Relaxe e escreva.

Dia duzentos e noventa e sete

Escreva seu dia hoje, descreva maravilhas. Deixe, primavera, verão. A vida é a melhor escolha, descreva a melhor história para o seu dia.

297. Escreva seu dia como você deseja.

....
....
....
....
....

Suspire,

Relaxe e escreva.

Dia duzentos e noventa e oito

Quero um dia doce. Quero café, biscoito e amor no coração. Quero alguém para rir, sentir e amar. Quero silêncio, gargalhas e muito vento.

298. Escreva seu dia como você deseja.

....
....
....
....
....

Suspire,

Relaxe e escreva.

Dia duzentos e noventa e nove

Acorda! Vamos brilhar. Acredite em você. Sem autopiedade, ninguém quer sofrimento.

299. Escreva seu dia como você deseja.

....
....
....
....
....

Suspire,
Relaxe e escreva.

Dia trezentos

Aproveite as coisas boas da vida. Não se sinta diminuída quando alguém tentar deixar sua autoestima baixa. Siga sua vida realizando seus sonhos e acreditando neles.

300. Escreva seu dia como você deseja.

....
....
....
....
....

Suspire,
Relaxe e escreva.

IV.

DIAS DE GRATIDÃO

Dia trezentos e um

Não se perca. Retome sua vida. Nada de medo. Não volte ao que te machucou. Você não resolve seus problemas com carência. Não seja um objeto. Ressignificância e amor não fazem ninguém sofrer. Você merece luz. Cuide do seu Eu. Supere o que te faz mal.

301. Escreva seu dia como você deseja.

....
....
....
....
....

Suspire,
Relaxe e escreva.

Dia trezentos e dois

Preocupe-se com você, cuide de você. Transforme sua vida. Tenha amor pelo seu corpo, pelo seu sentimento, pela sua vida. Você existe. Valorize-se.

302. Escreva seu dia como você deseja.

....
....
....
....
....

Suspire,

Relaxe e escreva.

Dia trezentos e três

Viva intensamente sua história, e agradeça por lembrar de suas memórias. Transforme sua vida em momentos inesquecíveis.

303. Escreva seu dia como você deseja.

....
....
....
....
....

Suspire,

Relaxe e escreva.

Dia trezentos e quatro

Nunca force ninguém a ficar com você. Amor não se força, ele vem. Se não vir não era para você. Nada de insistir.

304. Escreva seu dia como você deseja.

....
....
....
....
....

Suspire,
Relaxe e escreva.

Dia trezentos e cinco

A vida é exuberante, mesmo na correria do dia, sempre descobrimos algo novo. Tudo passa a ter sentido quando aperfeiçoamos o novo agradecendo. Hoje mais que ontem aprendi a me querer bem, a querer bem a vida. Então estou entendendo quão valiosa é a vida. Parei de pensar na insignificância e passei a pensar em mim. Estou feliz em me conhecer, conhecer a solitude da minha companhia, nunca mais senti falta de nada além de mim, e está sendo bom para a alma essa companhia do eu com meu eu.

305. Escreva seu dia como você deseja.

....
....
....
....
....

Suspire,
Relaxe e escreva.

Dia trezentos e seis

Encontre aquela menina perdida dentro de você, lhe dê atenção. Crie laços fortes com ela. Dê carinho, ela precisa de você. Nunca mais largue sua mão, segure firme. Ela só precisa de atenção, e sentir que é amada. Não quer mais fugas ou indecisões, ela entendeu.

Admire sua essência, admire seu olhar, admire seu caminhar, admire seu jeito. Encontre-se num lugar confortável, onde você é percebida, onde você é vista.

306. Escreva seu dia como você deseja.

....
....
....
....
....

**Suspire,
Relaxe e escreva.**

Dia trezentos e sete

Arranque de sua vida tudo que te padece. Arranque com força, encontre forças para se manter forte. Pare de pensar em quem está em outra onda. Você não precisa permanecer na burrice uma vida inteira. Seja coerente e capaz de filtrar sua própria existência.

307. Escreva seu dia como você deseja.

....
....

....
....
....

Suspire,

Relaxe e escreva.

Dia trezentos e oito

Os males são permanentes. Encontre uma chance para recomeçar, encontre caminhos novos para você.

308. Escreva seu dia como você deseja.

....
....
....
....
....

Suspire,

Relaxe e escreva.

Dia trezentos e nove

Nem sabia que era bom ser tão feliz. Estava diante da felicidade e não sabia sorrir. Encontrei a chave, e saí do meu casulo, quero viver, quero ser plena, preciso respirar, preciso me encontrar, quero me curar da dor que não é visível, da dor que está dentro da alma.

309. Escreva seu dia como você deseja.

....
....
....
....
....

Suspire,

Relaxe e escreva.

DIA TREZENTOS E DEZ

Tantas amarguras não quero mais. Deixo para ninguém. Deixo para trás. Quero sair da sombra e viver. Preciso colocar no meu eu o ponto certo do brilho. Meu eu precisa no entardecer voltar a viver.

310. Escreva seu dia como você deseja.

....
....
....
....
....

Suspire,

Relaxe e escreva.

Dia trezentos e onze

Progredir e voar. Abrace quem te ama. Leve com você que estendeu a mão ontem, hoje e que estará ao seu lado no amanhã.

311. Escreva seu dia como você deseja.

....
....
....
....
....

Suspire,
Relaxe e escreva.

Dia trezentos e doze

Tendência é amar. Precisa viver. Pode ser até no mesmo lugar, se você não encarar novos lugares não veja como falta de coragem, te compreendo. Apenas encontre-se, onde estiver, e viva, explore esse lugar, converse com quem nunca conversou, explore esse lugar e sorria.

312. Escreva seu dia como você deseja.

....
....
....
....
....

Suspire,
Relaxe e escreva.

Dia trezentos e treze

Aproveita cada momento, você é luz. Sem lágrimas.

Você é a única pessoa capaz de superar sua dor e mudar sua vida. Lembre-se, você é única, só você.

313. Escreva seu dia como você deseja.

....
....
....
....
....

Suspire,

Relaxe e escreva.

Dia trezentos e quatorze

Acredite em cada detalhe. Deus está com você, sinta a mão estendida. Sinta a força ancorada. Arrepie-se, o seu sonho está se concretizando. Sua vida está se transformando, para o melhor ocupar espaço.

Nem por um segundo humilhe alguém, sirva bem, essa é nossa tarefa aqui, servir o próximo. Temos a capacidade de fazer o outro feliz, apenas nós.

314. Escreva seu dia como você deseja.

....
....
....
....
....

Suspire,

Relaxe e escreva.

Dia trezentos e quinze

Enxergue a mão de Deus se aproximando, está próximo. Não precisa fazer barulho. Tudo no silêncio. Não precisa chorar, você deve se orgulhar, chegou aonde você sempre sonhou.

315. Escreva seu dia como você deseja.

....
....
....
....
....

Suspire,
Relaxe e escreva.

Dia trezentos e dezesseis

Nunca solte a mão daquele que te estendeu quando mais precisou. Alguns ficam, sem querer nada, apenas o seu brilho, nada pedem, nada querem. O seu sorriso é perpétuo e suficiente.

316. Escreva seu dia como você deseja.

....
....
....
....
....

Suspire,

Relaxe e escreva.

Dia trezentos e dezessete

Levantei com o pé esquerdo, tão feliz da vida. Coloquei juntinho o pé direito e fui tomar um café. Olhei da janela tanta gente, senti a brisa, senti até o cheiro do café. Estou tomada da presença de Deus em mim, desacreditei do amor por muito tempo. Agora que descobri como é bom acreditar, não quero mais largar. O amor está chegando, EU vi da janela tanta gente. Sei que o teu amor também está me procurando.

317. Escreva seu dia como você deseja.

....
....
....
....
....

Suspire,

Relaxe e escreva.

Dia trezentos e dezoito

A felicidade é a consequência de estar aqui. Vou deixar tudo que não me pertence, essa bagagem bagunçada, essa história sem freios. Não quero levar, ela é sua e não minha. Vou devagar, com passos lentos. Estou chegando, quero ser feliz.

318. Escreva seu dia como você deseja.

....
....
....
....
....

Suspire,

Relaxe e escreva.

Dia trezentos e dezenove

Curta seus instantes, eles não voltam. Nunca será igual o primeiro. Exploda na emoção da vida, encare seus desafios. Busque um amor para toda a vida.

319. Escreva seu dia como você deseja.

....
....
....
....
....

Suspire,

Relaxe e escreva.

Dia trezentos e vinte

Meu coração não dói mais. Isso é muito bom. A euforia do amor não partiu meu coração. Deixei o medo no fundo. Virei a página, rabisquei. Ergui a cabeça e fui. Coloquei fé. Me encontrei, estava dentro de mim.

320. Escreva seu dia como você deseja.

....
....
....
....
....

**Suspire,
Relaxe e escreva.**

Dia trezentos e vinte e um

Meta do dia, virar a página e sorrir. Se encontre. Se encontre, com o perfume da rosa, com o cheiro do vento, com o perfume no ar, com o cheiro do café. Se encontre com o que quiser. É bom ser feliz. Vamos guardar boas memórias. Esqueça a dor, ela não te faz bem. Escreva um caminho, deslize nele, e encontre paz de espírito.

321. Escreva seu dia como você deseja.

....
....
....
....
....

**Suspire,
Relaxe e escreva.**

Dia trezentos e vinte e dois

Sem assombração. Feche a porta para tudo que não lhe traz alegria. Fiz tanto, lutei tanto. Esse momento você não pode estar comigo. Estar vivendo o presente é com meu EU, e com minha história. Na minha história você não tem lugar. Deixe-me viver.

322. Escreva seu dia como você deseja.

....
....
....
....
....

Suspire,
Relaxe e escreva.

Dia trezentos e vinte e três

Seja indiferente com quem não te merece. Não deixe sua mente se influenciar por quem não merece ocupar sua mente.

323. Escreva seu dia como você deseja.

....
....
....
....
....

**Suspire,
Relaxe e escreva.**

Dia trezentos e vinte e quatro

Sem sofrimento diário. Pare para apreciar a vida. Essa simplicidade me trouxe felicidade.

Nem todos os dias são como você deseja, mas todos os dias você tem a chance de recomeçar.

Se aceite, colabore contigo mesma, nada de querer ser pequena, para caber em lugares que não te acolhem bem.

A humildade é o caminho para um bom viver.

Fique bem, seja feliz consigo mesma. Você pode se colocar em primeiro lugar, e encher-se de amor-próprio.

Feche a porta, o que não faz bem não pode entrar. Feche frestas e tranque a porta, se precisar arraste o sofá. Valorize-se.

324. Escreva seu dia como você deseja.

....
....
....
....
....

**Suspire,
Relaxe e escreva.**

Dia trezentos e vinte e cinco

Encontre alguém que te admira. Encontre nele defeitos. Troquem experiências. Substitua traição por verdade. Encontre um amor para toda a vida, sem dor e sem perfeição. Amor simples.

325. Escreva seu dia como você deseja.

....
....
....
....
....

Suspire,
Relaxe e escreva.

Dia trezentos e vinte e seis

Amar é ser compreendida, ser aceita, ser respeitada. O amor também precisa ser entendido, ser vivido. O amor nasce das emoções e de momentos em que precisamos atuar para poder compreender. Preciso acreditar na compreensão do amor.

326. Escreva seu dia como você deseja.

....
....
....
....
....

Suspire,
Relaxe e escreva.

Dia trezentos e vinte e sete

Descubra seu maior talento. Descubra sua essência. Descubra em você seu verdadeiro sentido. Sinta suas emoções.

327. Escreva seu dia como você deseja.

....
....
....
....
....

Suspire,
Relaxe e escreva.

Dia trezentos e vinte e oito

Renasce nova esperança, novo clarear, novo brilho. A natureza é bela, fez meu olhar brilhar. Passei feliz a sorrir. Há muito tempo havia esquecido o doce perfume da natureza, o encanto dos pássaros, hoje escutei e senti no coração o som deles.

328. Escreva seu dia como você deseja.

....
....

....
....
....

Suspire,
Relaxe e escreva.

Dia trezentos e vinte e nove

Esperei tanto tempo para ser feliz, não me conhecia mais, esqueci de mim, nem sabia se gostava tanto de sorrir. Depois de tanto tempo, na imensidão das ondas do mar comecei a rir. Rir, feliz com as ondas que tocavam meu corpo. Estava feliz, percebi, então, que estava curada, naquele momento percebi que estava segura comigo. Fiquei emocionalmente feliz, sabia que podia confiar em mim, lúcida, verdadeira, orientada mentalmente.

329. Escreva seu dia como você deseja.

....
....
....
....
....

Suspire,
Relaxe e escreva.

Dia trezentos e trinta

Achei que nunca conseguiria voltar a me conhecer, havia esquecido de mim. Envolvida na montanha dos problemas do outro, me apegava em soluções para tudo. Não havia feito um problema, mas buscava soluções. Assim, foram se passando mil anos, e eu aqui sempre preocupada e adoentada. Um dia, depois de aparentemente me olhar no espelho se foram mais alguns anos, entendi que era a hora. A hora de quem fazia os problemas resolvê-los. Essa não era minha vida, eu precisava voltar a ser eu.

330. Escreva seu dia como você deseja.

....
....
....
....
....

Suspire,
Relaxe e escreva.

Dia trezentos e trinta e um

Determinada eu queria o meu eu novamente. Porque quem olhava em mim via tristeza, ou força. Força porque erguia a cabeça e corria para solucionar os problemas. Tristeza porque aquilo deveria sair de mim. Não queria me envolver em nada mais. Queria ser eu. Precisava aprender a ser eu. Sabia que seria difícil, as garras me levando para baixo novamente. E lá fui, enganada, humilhada, traída. Se passaram mais mil anos. Ninguém mudou. Agora eu mudei.

331. Escreva seu dia como você deseja.

....
....
....

....
....

Suspire,
Relaxe e escreva.

Dia trezentos e trinta e dois

Pare de se vitimizar. A vida sempre foi essa montanha-russa, carregada de emoções loucas, que não me pertenciam. Me apeguei a elas, e vivia na dor alheia. Certo dia, no alto, bem lá em cima, vi que era capaz de pular, e sobreviver. Senti quando cheguei que não queria ser vítima de nada. Chegou o momento de ser "EU", e não mais vítima.

332. Escreva seu dia como você deseja.

....
....
....
....
....

Suspire,
Relaxe e escreva.

Dia trezentos e trinta e três

Ame você. Você não é migalha. Você é importante para você. Se reserve nos seus objetivos. Não queira estragar sua vida por amor que não é amor. Não se engane. Quem te ama quer você do lado, quer você perto, entenda. Amor não é pouco, amor também não é perfeição. Mas não é sofrimento o dia todo. E saiba que você é importante para alguém.

333. Escreva seu dia como você deseja.

....
....
....
....
....

Suspire,

Relaxe e escreva.

Dia trezentos e trinta e quatro

Tive tempo para me corresponder comigo. Estou com tempo para ser recíproca comigo. Estou numa relação de amor comigo, estou me sentido feliz. Nunca mais quero perder-me de mim.

334. Escreva seu dia como você deseja.

....
....
....
....
....

Suspire,

Relaxe e escreva.

Dia trezentos e trinta e cinco

Ontem entendi que não preciso de matemática; estava calculando errado. O amor não precisa ser calculado, deve ser edificado.

335. Escreva seu dia como você deseja.

....
....
....
....
....

**Suspire,
Relaxe e escreva.**

Dia trezentos e trinta e seis

Tire a falsa ilusão de que você pode mudar as pessoas; elas só mudam quando escolhem. Vivem a mudança e a desejam arduamente. Não se amargure esperando por essa mudança. Seja capaz de interferir em sua vida, amando-se. Valorize a si mesmo e a sua vida.

336. Escreva seu dia como você deseja.

....
....
....
....
....

**Suspire,
Relaxe e escreva.**

Dia trezentos e trinta e sete

Ninguém precisa ficar provando que errou. Você tem sentimentos. Ressignificação é a base. Mude seu conceito. Afaste-se.

337. Escreva seu dia como você deseja.

....
....
....
....
....

Suspire,

Relaxe e escreva.

Dia trezentos e trinta e oito

Quero compreensão na minha forma de ser. Preciso ser respeitada.

338. Escreva seu dia como você deseja.

....
....
....
....
....

Suspire,

Relaxe e escreva.

Dia trezentos e trinta e nove

Eu não sabia o que era amor. Eu não sabia o que era viver. Um dia te encontrei e conheci o amor. Esse amor me acolheu, me deu vida, me deu sinal. Essa intensidade me deixou livre, me fez amar.

Esse amor também me torturou, me despedaçou, tirou meu sorriso, arrancou minha alma, me afastou de pessoas e de tudo. Chorei até sentir a dor do sofrimento.

Como ficar bem? Primeiro, é importante entender que sofrer dores faz parte da vida, mas não devemos deixar que isso nos afunde na amargura ou nos cause calafrios constantes. O amor verdadeiro nasce de dois corações que compartilham uma intensidade mútua. Não carregue sozinho o peso do amor.

Evite partir seu coração por esperar demais dos outros. Lembre-se de que a culpa não é apenas sua; as expectativas não correspondidas são uma responsabilidade compartilhada. Aprenda a não esperar nada de ninguém, e, em vez disso, concentre-se em cultivar o amor-próprio e a autossuficiência.

339. Escreva seu dia como você deseja.

....
....
....
....
....

Suspire,
Relaxe e escreva.

Dia trezentos e quarenta

Ela começou a sorrir um dia, e desde então não conseguiu mais parar. O sorriso brotou espontaneamente, como uma flor desabrochando na primavera. Alguns olham e estranham, tentando entender a razão de tanta alegria. Mas ela não se importa; sorri até para o vento, sentindo a brisa suave acariciar seu rosto.

Outro dia, parou diante de uma planta. Olhou fixamente para as folhas verdes e as pequenas flores coloridas. Admirou cada detalhe, desde a textura das pétalas até a forma como os raios de sol se infiltravam através das folhas. E então sorriu. Sorriu porque percebeu a beleza e a simplicidade da vida ao seu redor.

O mundo em que ela vive agora é novo, cheio de cores vibrantes e momentos de pura alegria. Cada dia é uma nova descoberta, um novo motivo para sorrir. Ela encontrou um novo jeito de ver a vida, em que a felicidade está nas pequenas coisas, nos detalhes que antes passavam despercebidos. E assim, continua a sorrir, iluminando o mundo ao seu redor com sua alegria contagiante.

340. Escreva seu dia como você deseja.

....
....
....
....
....

Suspire,
Relaxe e escreva.

Dia trezentos e quarenta e um

Se você não for a prioridade de alguém, não se magoe. Não perca seu tempo tentando se vingar; simplesmente se retire. Você merece querer mais, viver mais. Sempre pense positivamente, pois alguém está procurando por você.

Não aceite se encaixar em um mundinho pequeno, nem permita que te comparem, te humilhem, e façam você se sentir diminuída. Você é única e especial, e se não for prioridade, esse não é o seu lugar. Existe alguém esperando por você em um espaço melhor, onde você será valorizada e amada por quem realmente é.

341. Escreva seu dia como você deseja.

....
....
....
....
....

Suspire,
Relaxe e escreva.

Dia trezentos e quarenta e dois

Não deixe de confiar em você, se ontem não deu certo, hoje você tenta de novo. Ser feliz também tem início. Então, descubra que tem um Deus olhando e guiando seus passos e que não precisa de migalhas para continuar a jornada, viva sua sintonia.

342. Escreva seu dia como você deseja.

....
....
....
....
....

Suspire,
Relaxe e escreva.

Dia trezentos e quarenta e três

Hoje, sinto muita saudade de você. Mais do que nos outros dias. Meu coração chora em silêncio. Ao amanhecer, prometo a mim mesma que não vou mais lembrar de você. Meu amor por você não tem fim, mas sei que esse amor é só meu e está cheio de dor.

Você não pode continuar aqui. Preciso explicar a mim mesma o quanto você me faz mal. Preciso respeitar o meu eu. Não posso mais permitir que meu coração chore por sua causa. Preciso pensar em mim, com você bem longe do meu viver.

343. Escreva seu dia como você deseja.

....
....
....
....
....

Suspire,

Relaxe e escreva.

Dia trezentos e quarenta e quatro

Sem recaídas, você é capaz. Este dia deve ser seu dia, sua glória. Faça bem para você. Viva por você, desabroche, garota. Você é inspiração e não precisa viver à sombra de ninguém, seja à frente ou ao lado. Torne-se forte, floresça, foque em seus objetivos. Fortaleça-se e mantenha-se em equilíbrio.

344. Escreva seu dia como você deseja.

....
....
....

....
....

Suspire,
Relaxe e escreva.

Dia trezentos e quarenta e cinco

Abre a sua vida para ser feliz. Ninguém vai destruir sua coragem. Você é inteira, e não vai despedaçar, porque entendeu que a força que pulsa dentro de sua alma não vai ser destruída. Você é especial, e nunca cai alguém que confia em si própria.

345. Escreva seu dia como você deseja.

....
....
....
....
....

Suspire,
Relaxe e escreva.

Dia trezentos e quarenta e seis

Eu sei que vou superar qualquer dor que cruzar o meu caminho. Não há dor que possa durar para sempre, pois a esperança e a determinação são mais fortes do que qualquer sofrimento passageiro.

O meu poder reside no silêncio, na calma interior que me permite enfrentar os desafios com serenidade. Sou como uma fortaleza tranquila, capaz de resistir a qualquer tormenta que se atreva a se aproximar.

Aprendi a me dar chances, a acreditar no meu potencial e na minha capacidade de enfrentar os obstáculos com coragem e resiliência. Nada pode me deter, pois sei que sou capaz de superar qualquer adversidade que surgir no meu caminho.

346. Escreva seu dia como você deseja.

....
....
....
....
....

**Suspire,
Relaxe e escreva.**

Dia trezentos e quarenta e sete

Entreguei minha vida ao mal querer. Ninguém precisa daquilo que não faz bem. Depois de um tempo, que nem lembro mais quanto tempo, virei de avesso tudo que achava que era vida.

Pouca bagagem levei, era pouca lembrança boa, saí na corrida e me perdi no meio do caminho.

Virei várias voltas, e encontrei no silêncio o meu eu, que estava sorrindo. Esse eu que quero ter perto de mim, esse eu do qual nunca mais quero me distanciar.

347. Escreva seu dia como você deseja.

....
....
....

....
....

Suspire,
Relaxe e escreva.

Dia trezentos e quarenta e oito

No dia que a morte chegar, é bom saber que você estava vivo. Estava? A vida precisa valer a pena. Aproveite cada detalhe. Sem reclamações, viva. O tempo não marca hora.

348. Escreva seu dia como você deseja.

....
....
....
....
....

Suspire,
Relaxe e escreva.

Dia trezentos e quarenta e nove

Esteja preparado para viver bem, seja feliz todo dia, não se importe tanto com o que os outros pensam. Pense em você, se precisar perder algumas pessoas no caminho, deixe para trás, e viva plenamente sem dúvidas.

349. Escreva seu dia como você deseja.

....
....
....
....
....

Suspire,

Relaxe e escreva.

Dia trezentos e cinquenta

O dia acabou de iniciar, não queria sair da cama, pensei em ficar. Os dias estavam ficando tristes há muito tempo. Não me reconhecia ao olhar no espelho, estava amargurada, me comparando com outras pessoas.

Estava tão tola, e sem energia.

Nem me conhecia.

Inacreditável, me comparando! Que tempo foi esse. Sei quem sou, aprendi a me respeitar, a gostar de mim. Quanto orgulho de mim, essa vida é valiosa, vale tanto a pena ser quem sou. Aprenda a se colocar em primeiro lugar, dando o primeiro passo, sendo sua razão de amar-se.

350. Escreva seu dia como você deseja.

....
....
....
....
....

Suspire,
Relaxe e escreva.

Dia trezentos e cinquenta e um

A vida só pode ser essa razão de sentir essa loucura no coração. Esse frio que me congela. Esse calor que me derrete. Aprenda a tirar proveito da parte boa da vida.

351. Escreva seu dia como você deseja.

....
....
....
....
....

Suspire,
Relaxe e escreva.

Dia trezentos e cinquenta e dois

Nada de procurar um desconforto, uma compreensão. Se for rejeitada, saia, recomece, não se prenda a besteira, nada de se culpar e ficar tentando se validar. Aquele que te rejeitou não lhe quer na vida dele, aceite. A dor vai passar. Pense em você, faça coisas novas, recrie algo que goste, se reinvente. A dor não é perpetua. E o medo de ser rejeitada novamente não deve fazer parte de sua vida. Viva novos amores, novos reencontros.

352. Escreva seu dia como você deseja.

....
....
....
....
....

Suspire,

Relaxe e escreva.

Dia trezentos e cinquenta e três

Aceite coisas boas, não aceite que te ofendam. Não seja uma marionete nas mãos de ninguém. Coloque limites, não deixe te desagradarem por você ser uma pessoa boa. Pessoa boa também precisa se impor. E aprender a dizer "não". Vamos aprender.

353. Escreva seu dia como você deseja.

....
....
....
....
....

Suspire,

Relaxe e escreva.

Dia trezentos e cinquenta e quatro

Cuide de você, fique sozinha, o tempo que for preciso. Ter alguém que bagunça sua vida é desperdício. Não se torture a cada amanhecer. Depois quem precisa arrumar a bagunça da sua vida é você.

Chegue aonde sempre sonhou, aprenda a te querer bem.

Vença você, vigie seu coração, fique longe do que te fez sofrer, fuja de desventuras.

É hora de viver, recomece um novo ciclo.

354. Escreva seu dia como você deseja.

....
....
....
....
....

Suspire,

Relaxe e escreva.

Dia trezentos e cinquenta e cinco

Chorei, mudei a direção da minha vida. Fui na contramão da dança, e me deixei cair longe de minha alma. Não conseguia sorrir, até que o olhar de Deus me chamou. Percebi então que sou capaz de viver em dois mundos, um que me ama a cada amanhecer e o outro que fica em fúria ao anoitecer. Escolhi o meu mundo de amanhecer e agradecer. Não dê sentido a palavras que não lhe fazem bem, sei que hoje posso me amar a cada amanhecer, sinto a alegria em meu corpo. Prometi a mim mesma que não soltarei minha alma de mim, eu vou viver nos dois mundos para agradecer.

355. Escreva seu dia como você deseja.

....
....

....
....
....

Suspire,
Relaxe e escreva.

Dia trezentos e cinquenta e seis

Queira e crie uma lista para escrever seus desejos, compartilhe com quem te quer bem. Escrevam juntos, sinta o prazer de descrever o amor nessa lista. O amor não é vulgar, o amor não é indigno, o amor é puro. Regue essa lista, cuide dela, cuide do seu tempo. Nada de infelicidade, a lista é sua história. Deixe as borboletas, os pássaros, o jardim fazerem parte, acrescente beijos, abraços, risos, contos, danças, música, deixe o melhor acontecer.

356. Escreva seu dia como você deseja.

....
....
....
....
....

Suspire,
Relaxe e escreva.

Dia trezentos e cinquenta e sete

Em breve você se proporcionará aquilo que um dia foi um sonho. Acredite na sua vontade de viver. São nos dias mais escuros que encontramos uma mão querendo nos segurar, e um olhar tentando nos encontrar. A vida sempre traz surpresas em nosso sonho, e você pode fazer a surpresa do seu sonho, realizando-o.

357. Escreva seu dia como você deseja.

....
....
....
....
....

**Suspire,
Relaxe e escreva.**

Dia trezentos e cinquenta e oito

Já se foi o tempo que me importava tanto com os outros. Agora, o que não me faz bem deixo ir. A reciprocidade é sobre você e o outro, não apenas você. O respeito é mútuo, quem não se preocupa com você não precisa ficar na sua vida. Desapegue daquilo que não lhe pertence. Deixe ir.

358. Escreva seu dia como você deseja.

....
....
....
....
....

**Suspire,
Relaxe e escreva.**

Dia trezentos e cinquenta e nove

Aquele que respeita seu amor quer ficar em sua vida. Se não for assim, afaste-se. Quando você dá tudo e não recebe carinho, é hora da despedida. A dor passa. Deve permanecer apenas quem ganhou a liberdade e escolheu ficar. Dar e receber.

359. Escreva seu dia como você deseja.

....
....
....
....
....

Suspire,

Relaxe e escreva.

Dia trezentos e sessenta

Erga a cabeça, nada de brigar com o mundo, nada de ficar triste por muito tempo. Nada de esperar validação dos outros, você se validando é o suficiente. O mundo é bom, só encontre as pessoas boas para viver alegrias com você.

360. Escreva seu dia como você deseja.

....
....
....

Suspire,

Relaxe e escreva.

Dia trezentos e sessenta e um

Não se decepcione com você mesma, seja real. Tenha o poder de fazer boas escolhas. O amor mora em você, se chegou seu momento, é hora de ir. Entenda, o tempo é de cada um. Se precisar tenha calma, o tempo te ensina a ter coragem e seguir o caminho.

361. Escreva seu dia como você deseja.

Suspire,

Relaxe e escreva.

Dia trezentos e sessenta e dois

Invista em você. Mude seus hábitos, escute sua alma. Descanse, e silencie por alguns minutos, escute seu coração. Seja prudente em todos os aspectos, para entender a pessoa que está dentro de você. Relaxe e deixe fluir essa energia que é sua, e espere coisas boas em sua vida. Saiba que elas acontecem, você se surpreenderá.

Caminhos novos sempre dão medo. Mas é lá aonde quero chegar, quero uma nova história. Não tenho medo de magoar os outros, tenho medo de continuar sendo magoada.

362. Escreva seu dia como você deseja.

....
....
....
....
....

Suspire,
Relaxe e escreva.

Dia trezentos e sessenta e três

Seja feliz, e quando chegar a sua hora, esteja vivendo. Aproveite sua vida sorrindo, não exausto com a vida. Pare de reclamar da sua vida. Quando chegar sua partida não se arrependa de não ter vivido, essa vida é uma passagem, então aprenda a viver, aprenda a ser digno da vida. Sem reclamações, sem negatividade, seja o seu melhor exemplo para você.

363. Escreva seu dia como você deseja.

....
....
....
....
....

Suspire,
Relaxe e escreva.

Dia trezentos e sessenta e quatro

O tempo está passando e eu me descubro. Sou feliz e grata a Deus. Evoluí no meu caminho, superando as encruzilhadas. Existo plenamente, sinto meu perfume e me encontro sem julgamentos. Descobri meu eu, e meu eu se encontrou comigo.

Seja intenso em sua reciprocidade. Vigorize a paixão em relação à troca mútua. Isso implica não apenas em responder, mas também em tomar iniciativas ativas para nutrir relacionamentos significativos. Invista na troca mútua de sentimentos, ações e cuidados em um relacionamento; seja intenso ao retribuir o amor, a amizade ou o apoio que recebe dos outros. Tudo exige esforço, então promova a ideia de que relacionamentos significativos exigem responsabilidade e comprometimento de ambas as partes. Ao ser intenso em sua reciprocidade, você pode contribuir para a construção de laços mais profundos e gratificantes com os outros.

364. Escreva seu dia como você deseja.

....
....
....
....
....

Suspire,
Relaxe e escreva.

Dia trezentos e sessenta e cinco

Cheguei, alcancei. Vivendo minha vida. Estou seguindo e trilhando meu caminho. Tudo bem se chorar um pouquinho, mas quero voltar a ser eu, e viver minha vida, do lado de quem me quer bem. Enfrentando minha dificuldade, e não as de outros.

Me permito ser feliz, e desejo um amor para chamar de meu. Estou consciente de que a felicidade pessoal não depende das circunstâncias externas. Decido caminhar pela vida permitindo-me experimentar a alegria e o contentamento, almejando um relacionamento íntimo e dedicado, em que ambos se comprometem mutuamente e compartilham um vínculo especial. Buscamos ser um para o outro, transmitindo um genuíno desejo por felicidade e por um relacionamento amoroso exclusivo e significativo.

Chegou sua hora, decole para a vida.

Aproveite e voe.

365. Escreva seu dia como você deseja.

....
....
....
....
....

Suspire,
Relaxe e escreva.

Faça o bem, nem por um minuto pense o contrário.

Sinta o perfume no ar, hoje o dia está bem gostoso.

Chove um pouco.

Chove bastante.

Está frio.

Nem tão frio.

Está quente.

Está muito quente.

Está dia.

Está noite.

Está clareando.

Está garoando.

Estou triste.

Estou feliz.

Está sorrindo.

Está sofrendo.

Estamos todos vivendo, esse é o milagre da vida, cada um com sua emoção e no seu momento.

Onde você estiver lendo, saiba que estarei pensando em você.

Estou ao seu lado, leitor(a).

FINAL

Assim é a vida, a ideia de tomada de decisões, de caminhos que podem ser seguidos e das consequências que podem advir dessas escolhas. É sobre você: *aprenda a se amar* é o sentido de uma grande mudança da minha vida, escolhi viver plenamente. Foi o primeiro momento que senti que voltei a ser eu mesma, depois de anos, então quando estiver preocupada em tomar decisões, decisões importantes, jornadas pessoais ou narrativas em que as escolhas dos personagens desempenham um papel significativo, escolha você, como personagem principal de sua história. Faça escolhas positivas em sua vida, ilustre seu caminho, se desafie, e supere seus desafios.

E então coloque a moldura perfeita no seu quadro de você, como está feliz, e seja proativa em acreditar no seu próprio potencial criando uma vida significativa e gratificante. Então, amar-se é uma reflexão sobre a natureza das decisões humanas e o impacto que elas têm em nossas vidas, que abordam temas relacionados a autodescoberta, crescimento pessoal, superação de desafios e transformação. Somos os principais agentes de mudança em nossas vidas, e ao fazer escolhas conscientes e alinhadas com nossos valores e objetivos podemos criar a vida que desejamos.

Há diferentes opções disponíveis e cada escolha que fazemos nos leva por um caminho único. Amadureça por você. Essa história da vida deve ser descrita por você.